Dr. Christine Kaniak-Urban · Katharina Schlamp

Mit Spaß und Erfolg durch die Grundschule

In Zusammenarbeit mit dem
Deutschen Kinderschutzbund (DKSB)

Dr. Christine Kaniak-Urban
Katharina Schlamp

So fördere ich mein Kind

Mit Spaß und Erfolg durch die Grundschule

Urania-Ravensburger

Weitere Titel zum Thema bei Urania-Ravensburger:
Dawna Markova/Anne R. Powell: Hausaufgaben ohne Stress. ISBN 3-332-01094-8
Cordula Neuhaus: Das hyperaktive Kind und seine Probleme. ISBN 3-332-00872-2
Margret Schwarz: Rechenschwäche? Wie Eltern helfen können. ISBN 3-332-00716-5
Helmut Weyhreter: Konzentrationsschwäche. Wie Eltern helfen können.
ISBN 3-332-01090-5

Die Deutsche Bibliothek – CIP-Einheitsaufnahme
Ein Titeldatensatz für diese Publikation ist bei Der Deutschen Bibliothek erhältlich.

www.dornier-verlage.de
www.urania-ravensburger.de

Dr. Christine Kaniak-Urban ist Lehrerin und Schulpsychologin; sie hat eine kinder- und jugendpsychotherapeutische Ausbildung und ist außerdem Supervisorin. Seit über 15 Jahren leitet die in München lebende Mutter dreier erwachsener Kinder eine schulpsychologische Beratungsstelle.
Katharina Schlamp ist Grundschullehrerin sowie langjährige Schulpsychologin und Supervisorin. Die Mutter dreier erwachsener Töchter leitet eine schulpsychologische Beratungsstelle in Landsberg am Lech und baut Helfernetze für Kinder in der Region auf.

Umschlaggestaltung: Behrend & Buchholz, Hamburg
Titelfoto: zefa, S. Gulka
Fotos: Gertie Burbeck (8), PhotoDisc (5), Redaktionsbüro Stark (11)
Redaktion: Jeanette Stark-Städele
Herstellung: ni:mand · Grafik & Design
Druck: Westermann Druck Zwickau
Printed in Germany

Gedruckt auf alterungsbeständigem Papier mit chlorfrei gebleichtem Zellstoff

05 04 03 02 01 5 4 3 2 1
ISBN 3-332-01193-6

Inhalt

Vorwort

Die meisten Kinder freuen sich, wenn sie endlich in die Schule kommen. Sie wollen lernen, Freunde gewinnen und Neues erfahren. Und viele Kinder erleben ihre Schulzeit als eine schöne Zeit und werden sich ihr Leben lang gern daran erinnern.

Doch es gibt zunehmend auch Kinder, die schon in den ersten Schuljahren Frustrationen erfahren. Sie haben Schwierigkeiten beim Lernen, stellen fest, dass andere besser sind als sie, oder haben Probleme mit Mitschülern. Solche Erfahrungen können schwer wiegende Konsequenzen nicht nur für die weitere Schullaufbahn, sondern auch für die Persönlichkeitsentwicklung des Kindes haben.

Und auch den Eltern stellen sich während der Grundschulzeit ihres Kindes viele Fragen: Ist es den Anforderungen gewachsen? Wie kann es bestmögliche Leistungen erzielen? Wie motiviert man das Kind für die Hausaufgaben? Was tun, wenn Lernschwächen auftreten?

Eltern wissen heute, dass der Schulerfolg ihres Kindes wesentlich auch von ihrem eigenen Engagement abhängt, und wollen ihrem Kind die besten Chancen eröffnen. Dazu müssen sie über die Anforderungen der Schule, über Schulwege, aber auch über die Entwicklung des Kindes Bescheid wissen.

Die Autorinnen zeigen in diesem Buch auf, welche Fähigkeiten und Bedürfnisse das Grundschulkind hat, welche Stolpersteine es in der Grundschule geben kann und wie man den für jedes einzelne Kind richtigen „Schulweg“ finden kann.

Sie zeigen vor allem auch auf, dass Lern- und Schulprobleme nie isoliert gesehen werden dürfen, sondern eingebettet sind in das Umfeld, in dem das Kind lebt.

Kindern eine förderliche Umgebung zu schaffen, in der sie geborgen sind und ihre individuellen Fähigkeiten entwickeln können – genau das ist auch das Anliegen des Kinderschutzbundes. Deshalb – und weil wir wissen, wie schwierig das Thema Schule heute oft für alle Beteiligten ist – wünschen wir uns, dass möglichst viele Eltern, Lehrer und Erzieher mit diesem Buch eine verlässliche Hilfe für den Schulalltag finden.

Heinz Hilgers
Präsident des Deutschen Kinderschutzbundes

Einleitung

Wenn ein Kind in die Grundschule kommt, ist es zum ersten Mal einem folgenschweren Vergleich mit anderen Kindern ausgesetzt. Dieser Vergleich erstreckt sich sowohl auf seinen Umgang mit den Klassenkameraden als auch auf seine Schulleistung. Mit Recht bezeichnet die Entwicklungspsychologie den Eintritt des Kindes in das Schulleben als kritisches Lebensereignis. Wir wissen heute, dass es auf diesem Weg durch die vier Klassen der Grundschule eine Reihe von Hindernissen gibt, Stolpersteine, die Auswirkungen auf den gesamten Lebenslauf des Kindes haben können.

Aber nicht nur die Schule selbst stellt ihre Anforderungen, auch die Kinder sind heute anders geworden und bringen andere Verhaltensweisen mit in die Schule als frühere Generationen. Sie sind offener und lebendiger; sie sind aber auch unruhiger und können sich oft nicht mehr einsichtig an die Normen und Regeln des Schullebens anpassen. Kinder haben auch zunehmend Schwierigkeiten bei der Kontaktaufnahme mit Gleichaltrigen und mit dem Einüben von Arbeitsverhalten sowie dem Erlernen der Kulturtechniken. Eltern und Lehrer stehen heute oft vor denselben Barrieren bei den Aufgaben der Erziehung und den Anforderungen des Lernens, wie zum Beispiel Probleme mit der immer kürzer werdenden Aufmerksamkeitsspanne der Kinder oder mit der geringen Fähigkeit, Frustrationen auszuhalten. Sie sind hilflos im Umgang mit der Fäkaliensprache, die Kinder heute intensiv anwenden. Und sie wissen nicht, wie sie mit Stress und Schulängsten der Kinder umgehen sollen. Viele Eltern sehen sich immer wieder mit den verschiedensten Fragen konfrontiert: Warum hat mein Kind solche Schwierigkeiten im Lesen und Schreiben oder im Rechnen? Warum kann es sich einmal Gelerntes nicht verlässlich merken? Welche Verhaltensweisen meines Kindes deuten darauf hin, dass das Gymnasium die richtige Schulart nach der vierten Klasse ist?

Diese und viele andere Fragen führen häufig zu einem Gespräch mit dem Schulpsychologen. Und so ist dieses Buch auch aus unserer Arbeit als Schulpsychologinnen entstanden. Wir leiten schulpsychologische Beratungsstellen für Grundschulen und sind darüber hinaus erfahrene Lehrerinnen. Seit vielen Jahren begleiten wir sowohl Eltern wie Kinder auf deren Weg durch die Grundschule; wir beraten und bilden Lehrer und Lehrerinnen aus und helfen Erziehern und Erzieherinnen in Horten oder in der Schulsozialarbeit. Die Nöte von Kindern in der Grundschule sind uns wohlvertraut.

Immer wieder ist in Gesprächen mit Eltern und Erziehern, aber auch in Weiterbildungsseminaren für Lehrer die Bitte nach einschlägiger Literatur an uns herangetragen worden. So sehr wir auch forschten, wir fanden Bücher zu verschiedenen Themen, aber keines, das sozusagen als verlässlicher Führer für Eltern und Lehrer hätte dienen können. So war es unser Anliegen aufzuschreiben, was die Forschung an Erkenntnissen zu den wichtigsten Themen kennt und was wir selbst als hilfreiche Maßnahmen erprobt haben.

Wir wünschen dem Buch, dass es Lehrer bei der Gestaltung von Elternabenden und bei der Beratung von Eltern unterstützt, dass es Erziehern in Horten hilft, die Probleme von Grundschulkindern besser zu verstehen, und dass Eltern Antworten auf die vielen Fragen finden, die auf dem Weg ihres Kindes durch die Grundschule auftauchen können.

Anmerkung:

Der besseren Lesbarkeit wegen wird in diesem Buch jeweils nur die männliche Berufsbezeichnung „Lehrer", „Therapeut" usw. verwendet und nicht auch die weibliche Form aufgeführt.

Die Welt des Grundschulkindes

Kinder im Grundschulalter haben – entwicklungsbedingt – ganz besondere Stärken: Sie wollen Neues lernen, mit Gleichaltrigen zusammen sein, Herausforderungen bestehen und Grenzen ausloten.

Die Fähigkeiten des Grundschulkindes

Die meisten Kinder sind neugierig auf die Schule und freuen sich darauf, endlich „richtig" lernen zu dürfen. Das äußern viele Kinder bei den Einschulungsgesprächen, die jedes Jahr im Frühjahr stattfinden, und die Teil des Einschulungsprozesses sind. Maxi, ein aufgeweckter Sechsjähriger, bringt diese Erwartungen auf die Frage, was denn wohl in der Schule anders sein wird als im Kindergarten, auf den Punkt:

„Also, da lerne ich lesen und schreiben und rechnen. Rechnen kann ich schon. Da kann ich dann das Fernsehprogramm lesen. Und der Peter, das ist mein Freund, der geht mit mir, der lernt das auch." (Maxi denkt nach) „Hausaufgaben muss man machen, das gehört dazu."

Der Leistungswille

Mit fünf bis sieben Jahren ist das Kind besonders leistungswillig und voller Tatendrang. „Ich bin, was ich leiste" wird sein Motto.

Maxi spricht mit seinen Hoffnungen und Wünschen zwei wichtige Entwicklungsaufgaben an, aus denen Kinder am Beginn ihrer Schulzeit den Mut und die Freude schöpfen, eine Institution wie die Schule zu betreten: etwas lernen – und dies mit anderen zusammen.

Der bekannte Entwicklungspsychologe E. Erikson meint dazu, dass Kinder jetzt wissen wollen, wie sie etwas lernen und mit anderen tätig sein können. Sie wollen ihre Aufgaben gut machen, wollen nützlich sein und konkrete Erfahrungen machen. Die Formel „Ich bin, was ich lerne und leiste!" wird zum Lebensprinzip.

Maxi freut sich darauf, zu arbeiten und mit anderen etwas zu bewerkstelligen. Für Aufgaben, die wie in der Arbeitswelt in einer bestimmten Zeit erfüllt werden müssen, ist das Kind an der Schwelle zur Grundschule bestens gerüstet. Die Tragik für manche Kinder besteht darin, dass sie im Laufe ihrer

Schuljahre die schmerzliche Erfahrung machen: Andere lernen schneller und leisten mehr.

Davon wird noch zu sprechen sein.

Selbstständigkeit und Geborgenheit

Aber auch in anderer Weise haben Kinder im Grundschulalter Stärken, die sie für die Lebens- und Lernwelt der Schule bestens ausstatten. Während im Zentrum des Kindergartenkindes noch die Familie steht, die es bei allen Schritten nach draußen fest an der Hand hält, und damit sein Entwicklungsmotiv nach Bindung und Zugehörigkeit an oberster Stelle steht, tritt beim Grundschulkind das Bedürfnis nach Autonomie und eigenem Tun in den Vordergrund. Deshalb werden jetzt auch Geheimnisse so wichtig. Heimlich etwas tun heißt, etwas in eigener Verantwortung tun. Anders als das Kleinkind schafft es das Schulkind, ein Geheimnis auch geheim zu halten.

Im Grundschulalter entwickelt das Kind zunehmend Eigenverantwortung und löst sich damit immer stärker vom Elternhaus.

Jetzt ist die Zeit, da das Kind seine Freunde und Freundinnen, begleitet von bedeutungsvollen Ritualen, schwören lässt, das Geheimnis nicht zu verraten. Dennoch wollen sich Kinder immer wieder bei den Erwachsenen rückversichern, ob das Geheimnis nicht zu weit geht.

Auf diese Signale gilt es zu achten, damit das Kind den Spagat zwischen „das Geheimnis wahren“ und „die Gefahr erkennen“ aushalten kann.

Kinder auf den Schritt nach draußen vorzubereiten, sie auf ihrem Weg verlässlich zu begleiten und schließlich loszulassen ist Aufgabe der Eltern. Geschieht das nicht, stagniert die Entwicklung, und wichtige Fähigkeiten können sich nicht entwickeln.

Die Ausbildung des Selbst

Die Frage nach Nähe und Distanz spielt auch in unserem Erwachsenenleben eine wichtige Rolle, vornehmlich in der Partnerschaft. Der Schulanfang fällt genau in die Pendelbewegung vom Bedürfnis nach Leitung und Geborgenheit hin zur Bestätigung, sich eigenständig steuern und etwas selbst tun zu können. In der Psychologie bezeichnet man den Ort, von dem die Grundbedürfnisse ausgehen, von dem aus aber auch die Sicht auf die eigene Lebenswelt erfolgt, als das Selbst. Dieses Selbst bestimmt unsere Wahrnehmung, aber auch die Bedeutung, die wir unseren Erfahrungen geben. Das Selbst entscheidet über unser Handeln und unser Denken. Dieser Kern unserer Persönlichkeit entwickelt und verändert sich im Laufe unserer gesamten Lebensspanne und ermöglicht dennoch, dass wir uns über die Jahre als dieselbe Person wahrnehmen. Dieses Selbst bildet sich in den Grundschuljahren in besonderer Weise aus.

Selbstkontrolle und Konzentrationsfähigkeit

Wenn ein Kind sich nicht konzentrieren kann, gibt es dafür immer einen ernsthaften Grund, den es aufzuspüren gilt.

Während das Kleinkind noch vollständig seinen eigenen Antrieben und Impulsen ausgeliefert ist, erwirbt das Schulkind allmählich die Fähigkeit, sich selbst zu kontrollieren. Es kann sich über längere Zeit mit einer Aufgabe beschäftigen, auch wenn diese es nicht brennend interessiert; es kann Frustrationen ertragen und sich konzentrieren. Wenn Kinder sich nicht konzentrieren können – ein Hauptanlass für eine schulpsychologische Beratung – dann gibt es dafür ernsthafte Gründe.

Anna besucht die erste Klasse und wird beim schulpsychologischen Dienst angemeldet, weil ihre Aufmerksamkeitsspanne so kurz ist, dass sie nicht lange genug bei einer Aufgabe bleiben kann. Ihre Lehrerin zweifelt daran, ob Anna wirklich schulfähig ist. „Anna braucht noch eine Privatlehrerin!", ist ihr verzweifel-

ter Kommentar. Im ersten Gespräch erzählt die Mutter, wie Anna sie ständig brauche, um mit den Hausaufgaben zurechtzukommen. Als die Mutter Anna ihr Vesper zusammen mit einem kleinen Schokoladenhasen für die Stunden der Diagnostik an der Beratungsstelle überreicht, drückt das Mädchen der Beraterin den Hasen in die Hand: „Heb' du ihn auf!", meint sie, „ich muss ihn sonst gleich essen."

So wie Anna an der Beratungsstelle die Schulpsychologin als Erwachsene zur Steuerung ihrer Impulse braucht, so benötigt sie zu Hause ihre Mutter. Wie Annas Entwicklung unterstützt und gefördert werden kann, ist Ziel der Beratung.

Wahrnehmungsfähigkeit und logisches Denken

Lautet das Lebensprinzip des Kindergartenkindes „Ich bin meine Impulse!", so lebt das Schulkind nach dem Motto: „Ich habe Impulse, und ich kann sie kontrollieren!" Genauso ist es mit der Wahrnehmung des Kindes als Teil seiner kognitiven, das heißt verstandesmäßigen, Entwicklung. Kleinkinder können nur einen Aspekt einer Sache wahrnehmen und sind deshalb ihrer Wahrnehmung vollständig ausgeliefert. Gibt man ihnen zwei gleich große Stücke Plastilin und lässt sie eine Kugel und eine lange Wurst formen, meinen sie, dass die Wurst schwerer sei als die Kugel. Sie nehmen nur die Länge wahr, und was länger ist, so folgern sie, ist auch schwerer. Den anderen Aspekt, die Breite, beachten sie nicht. Ein anschauliches Beispiel:

Überlegtes und schlussfolgerndes Denken tritt an die Stelle der Impulsivität des Kindergartenkindes.

Die Mutter kauft in der Eisdiele für ihre drei Kinder Eis. Die Größeren bekommen zwei, der Kleine eine Kugel Eis. Da schreit der Kleine empört und will auch zwei Kugeln wie seine Geschwister. Der freundliche Eisverkäufer nimmt die Waffel und formt aus derselben Menge Eis zwei kleine Kugeln. Der Jüngste ist hoch zufrieden, weiß er doch: Zwei ist mehr als eins!

Das Schulkind dagegen kann zwei Aspekte, hier Länge und Breite, Größe und Anzahl, miteinander verknüpfen und kommt nicht mehr zu falschen Schlüssen. Es ist Herr seiner Wahrnehmung und ihr nicht mehr ausgeliefert. Für die Mathematik zum Beispiel ist eine solche Fähigkeit von entscheidender Bedeutung: Die Mächtigkeit der Menge 5 (Perlen) bleibt gleich, egal wie die Perlen angeordnet sind.

Im Lauf seiner Grundschulzeit ist das Kind immer besser in der Lage, logisch zu denken, auch wenn dieses Denken noch stark an konkrete Operationen gebunden ist. Verschiedene Aspekte eines Gegenstandes verknüpfen zu können eröffnet neue Denk- und Erfahrungsmöglichkeiten und stattet das Kind mit den erforderlichen Fähigkeiten aus, um erfolgreich lernen und bei Lernzielkontrollen den Stoff auch ordnen zu können.

Zeitverständnis

Zu diesen kognitiven Fähigkeiten gehört auch die Entwicklung des Zeitverständnisses.

Das Kind lernt allmählich, in die Zukunft zu denken und zu planen, und lebt nicht mehr nur im „Hier und Jetzt".

Zwar sind die Sechs- bis Zehnjährigen wie Kleinkinder fähig, intensive Erfahrungen im Hier und Jetzt zu machen – leben sie doch noch überwiegend in der Gegenwart –, dennoch erwerben Kinder im Grundschulalter ein differenziertes Zeitwissen, das ihren Blick weitet. Das Verständnis für die Woche, für die Einteilung des Jahresablaufes nimmt zu, und die Kenntnis der Uhr lässt die Erfahrung über die Dauer von Ereignissen wachsen.

Kinder beginnen jetzt Überlegungen anzustellen über den Unterschied zwischen objektiver Zeitmessung und ihrer subjektiven Erfahrung von Zeit. In Therapiestunden fragen sie häufig: „Wie viel Zeit hab' ich noch?", und sie stellen philosophische Betrachtungen darüber an, dass manche Schulstunden „ewig" dauern, manche Therapiestunden aber so schnell vorbeigehen.

Das Selbstbild des Kindes

Das Selbst als Kern der Persönlichkeit hat entscheidende Bedeutung nicht nur für die kognitive, sondern auch für die psycho-emotionale Entwicklung des Kindes. Das Selbst ist nicht nur der Ort, an dem das Schulkind seine Sicht von der Welt konstruiert, es ist auch der Ort, an dem es sich selbst in seinen Fähigkeiten und Persönlichkeitseigenschaften einschätzt. Die Frage „Wer bin ich?", die in der Pubertät als wichtigste in den Vordergrund tritt, stellt sich bereits mit drei Jahren, wenn das Kind seine Sprachfähigkeit ausbaut. Von jetzt an tastet es seine Lebenswelt danach ab, was diese ihm über seine Person zurückmeldet. Hört das Kind immer wieder: „Gib doch die Hand! Geh doch zu den Kindern und spiel mit ihnen! Sei doch nicht so schüchtern!", dann wird es alsbald in sein Selbstbild die Meinung aufnehmen: „Ich bin schüchtern." Wird es wiederholt von Freunden zur Geburtstagsfeier eingeladen, dann enthält sein Selbstbild irgendwann die Meinung: „Ich bin beliebt!" Manche dieser Selbstmeinungen sind sehr hinderlich für die Entwicklung, andere dagegen sind förderlich. Das Gute oder Schlechte daran ist, dass wir Menschen uns lieber nach der Landkarte unseres Selbstbildes verhalten, als davon abzuweichen. Es ist uns wichtiger, immer dieselbe Person zu sein, als uns anders zu verhalten und damit das bestehende Selbstbild in Frage zu stellen. Deshalb ist es so schwer, Kindern ihre schlechte Meinung von sich selbst auszureden. Der gut gemeinte Rat der Erwachsenen „Das kannst du doch!", „Da brauchst du keine Angst zu haben!", „Du bist überhaupt nicht dumm!" hilft wenig.

Das Selbstbild formt sich in den ersten Lebensjahren durch die Rückmeldungen aus der Umgebung und ist später nur noch schwer zu korrigieren.

Und noch eines: Das Selbstbild eines Kindes ist noch wenig deutlich, die Grenze zwischen Selbst und Welt schwach, sodass Kinder im Grundschulalter noch wenig Fähigkeiten haben, negative, nicht passende Meinungen anderer über das ei-

gene Selbst zurückzuweisen. Sie nehmen auf und schlucken, was sie an Einschätzungen über die eigene Person angeboten bekommen. Und mit dem Eintritt in die Schule beginnt der Vergleich mit anderen Kindern, sowohl im intellektuellen wie im sozialen Bereich. Auch wenn es in der Schule meist in den beiden ersten Klassen keine Noten gibt, so wissen Kinder doch sehr bald, wer gut rechnen kann, wer die besten Diktate schreibt, wer der begehrteste Fußballspieler ist, wer das attraktivste Mädchen. Für manche Kinder wächst jetzt der Druck gewaltig an und das Selbstbild wird immer stärker negativ geprägt (siehe dazu „Wie Kinder ihren Selbstwert schützen", Seite 74ff.).

Kinder im Grundschulalter brauchen Hilfe beim Erklären der Welt, und sie brauchen Zuversicht bei selbstverantwortlichen Unternehmungen.

Was Kinder brauchen

Damit Kinder im Grundschulalter sich positiv entwickeln können, brauchen sie bestimmte Möglichkeiten und Anregungen. Einige der im Folgenden angeführten Vorschläge tauchen in anderem Zusammenhang wieder auf und werden dort ausführlich behandelt.

Kinder wollen:

- Möglichkeiten, um im freien Spiel allein und mit anderen Kindern die Konstruktion neuer Welten zu üben und dabei auch das Verschmelzen des eigenen Selbst mit einer Sache zu erfahren. Dabei regen Kinder ihre Fantasie an und trainieren ihre Konzentrationsfähigkeit.
- Aufgaben und Aufträge, die sie selbstständig durchführen können, um so ihren Aktionsradius zu erweitern: allein zum Bäcker gehen, ein Beet anlegen ...
- eine Mut machende Begleitung bei neuen Schritten nach draußen, welche die Aufmerksamkeit auf das schon Erreichte lenkt: „Erinnere dich, wie mutig du warst, als du das Radfahren gelernt hast, genauso mutig kannst du jetzt ins Judo gehen."

- die Erlaubnis, gute Geheimnisse haben und diese auch behalten zu dürfen: „Dein gutes Geheimnis willst du nicht verraten!“
- Situationen, in denen sie sich sozusagen vorher schon im Trockenkurs in bestimmte Rollen einüben können: „Ich übe jetzt schon mal voltigieren!“ – daheim auf dem Sofa.
- Gelegenheit zu sinnlichen Erfahrungen beim Spiel, im Freien oder mit geeignetem Material: Sand und Dreck, Teig und Ton, Bauklötze und Lego, Feuer und den Umgang damit ...
- Unterstützung bei der Entwicklung des eigenen Zeitverständnisses durch Aufmerksam-Machen auf konkrete Markierungspunkte des Zeitflusses: Tag und Nacht, gestern – heute – morgen, die Wiederholung von Festen, das Lesen der Uhr, Erzählungen aus der Familiengeschichte ...
- das emotionale Ansprechen und Teilen von Ängsten, Hoffnungen und Wünschen: „Da bist du jetzt richtig enttäuscht, dass die Claudia dich nicht zum Geburtstag eingeladen hat.“
- Akzeptanz von negativen Meinungen über sich selbst und das Aufzeigen eines Weges zur Veränderung: „Du meinst, dass du nicht malen kannst, aber ich finde dein Haus gut gelungen und richtig fröhlich.“
- das Eingeständnis und die Anerkennung der Tatsache, dass jeder Mensch – auch die Erwachsenen – manches gut und anderes weniger gut kann.

Der Umgang miteinander – wie die soziale Kompetenz wächst

Streng getrennt rotten sich in der Pause die Jungen und die Mädchen zusammen; Berührungspunkte beschränken sich auf das beliebte Spiel „Mädchen oder Jungen jagen“. Erst im

Mädchen sind zickig, Jungen sind Angeber – so die Meinung der Grundschulkinder. Doch Jungen und Mädchen müssen lernen, aufeinander zuzugehen.

vierten Schuljahr findet unter manchen Kindern zögernd eine Annäherung statt. Warum ist das so?

Geschlechterrollen: Vererbung oder Erziehung?

Die Identifikation mit dem eigenen Geschlecht ist eine wichtige Entwicklungsleistung. Zuerst erkennt das Kind, dass es zwei Geschlechter unter den Menschen gibt, dann kann es sich einem der beiden zuordnen, und mit fünf bis sechs Jahren wird ihm bewusst, dass man sein Geschlecht auch durch Frisur oder durch Kleidung nicht mehr verändern kann. Aber es geht nicht nur darum zu wissen, dass man selbst unwandelbar ein Junge oder ein Mädchen ist; es geht nun vor allem darum herauszufinden, was zu einem Jungen und was zu einem Mädchen passt, was es heißt, ein Junge, ein Mädchen zu sein. Wie verhält sich ein richtiger Junge? Was tut ein richtiges Mädchen? Die Entwicklungspsychologie spricht vom Erwerb von Geschlechts-Schemata, und diese lassen sich leichter unter seinesgleichen, das heißt in einer Mädchen- oder Jungengruppe, gewinnen. Und alle psychologischen Theorien sprechen heute von einer Gleichgewichtigkeit von Anlage- und Umweltfaktoren.

All dies steht nicht in Widerspruch dazu, dass Mädchen im Laufe ihrer Entwicklung Selbstbehauptungstrainings gut tun, Jungen dagegen Nachhilfe in Einfühlung und Beziehungsgestaltung.

Soziale Kompetenz – sich in andere einfühlen

Aber noch eine andere Eigenheit in der Entwicklung der sozialen Kompetenz verhindert zuerst, dass Mädchen und Jungen miteinander umgehen. Bis in die Mitte der Grundschulzeit hinein sehen Kinder die Welt nur aus ihrer eigenen Perspektive. Alles, was sie erfahren, beziehen sie auf sich, und sie fühlen sich oft schuldig für Angelegenheiten, für die sie keine

Verantwortung tragen. So wie die siebenjährige Andrea in der Beratung meint: „Mein Papa ist gegangen, weil ich in der Schule so wenig kann!“ Das Kind steht sozusagen mittendrin im Geschehen, und erst mit neun Jahren entwickelt sich allmählich die Fähigkeit, sich in andere einzufühlen und einen Vorfall mit den Augen des anderen zu sehen. Jetzt überlegt Susanne, was Marlies wohl denkt, wenn sie nicht mehr mit ihr spricht. Die Fähigkeit zum Perspektivenwechsel, die Welt durch die Brille des anderen zu sehen, gelingt leichter mit dem eigenen Geschlecht. Und so ist die Trennung der Jungen von den Mädchen umgekehrt auch aus dem Blickwinkel der Entwicklung von sozialen Fähigkeiten sinnvoll. Erfahrene Erzieher versuchen bei Konflikten die Einfühlung der Kinder immer wieder anzuregen, indem sie auf eigene ähnliche Erfahrungen des Kindes verweisen: „Vielleicht hast du auch schon mal erlebt, wie das ist, wenn dir jemand einen Kinnhaken versetzt. Das tut dem Paul ziemlich weh!“

Erst wenn das Kind gelernt hat, eine Sache auch aus der Perspektive eines anderen zu sehen, fällt ihm der Umgang mit dem anderen Geschlecht leichter.

Niemals aber darf diese Fähigkeit zur Empathie am Beginn der Grundschulzeit vorausgesetzt werden. Erst in der Pubertät erlangen Kinder und Jugendliche eine weitere Kompetenz und können sozusagen von außen das eigene Verhalten und das des anderen einschätzen. Erst jetzt werden sie wirklich konfliktfähig und können zwischenmenschliche Probleme selbst lösen.

Die sich nur allmählich entwickelnde Fähigkeit, die Welt mit den Augen des anderen zu sehen, ist auch der Grund, warum Kinder in der Schule die Gleichbehandlung aller einfordern, und man ihnen immer wieder mit anschaulichen Beispielen erklären muss, dass der Grundsatz „Jedem das Seine“ oft gerechter ist.

Kindergruppen – das Wir-Gefühl

Erst etwa mit neun Jahren, wenn der Perspektivenwechsel gelingt, gibt es in Kindergruppen auch ein Wir-Gefühl. Später in der Berufswelt erhält dieses Gefühl die Bezeichnung „cor-

Dazugehören – das wird für Kinder ab neun Jahren immer wichtiger und bekommt dann in der Pubertät mit der Bedeutung der „Clique" den höchsten Stellenwert.

porate-identity". Gruppen mit anderen Kindern werden nun von großer Bedeutung, und zwar vor allem Gruppen, die nicht in pädagogischen Inseln wie dem Sportverein oder der Malschule von Erwachsenen beherrscht werden. Kinder tasten nun die Verletzbarkeit der anderen ab, Jungen vorwiegend durch Messen ihrer körperlichen Grenzen, Mädchen im seelischen Bereich. Kindergruppen sind von entscheidender Bedeutung für die Selbsterkenntnis: „Was teile ich mit anderen?" Und entsprechend stellt sich die Frage: „Was unterscheidet mich?" Dieses Thema muss in Schulklassen in unterschiedlichen Zusammenhängen immer wieder angesprochen werden.

Mobbing

Auseinandersetzungen von Kindern in Kindergruppen ohne das Eingreifen von Erwachsenen sind immer seltener möglich, weil reine Kindergruppen sich kaum noch unter eigener Regie treffen. Vielleicht begünstigt diese Tatsache ein erschreckendes Phänomen in den Schulen, das Mobbing. Beim Mobbing werden Kinder sowohl durch Worte wie durch Schläge gedemütigt und ausgegrenzt. Und die beteiligten Kinder achten darauf, dass die Erwachsenen möglichst nichts davon erfahren. Die Täter sprechen nicht aus Angst vor den Konsequenzen und die Opfer sprechen nicht, weil sie die Rache der Täter fürchten. Hier gilt es, wie beim sexuellen Missbrauch, dem Kind den Unterschied zwischen guten und schlechten Geheimnissen zu verdeutlichen, und sensibel auf Anzeichen möglicher Ausgrenzung zu achten.

Was Kinder brauchen

Kinder im Grundschulalter brauchen Hilfen bei der Festigung ihrer Geschlechtsrolle und Unterstützung bei der Entwicklung ihrer Fähigkeit zur Einfühlung.

Durch behutsame Hinweise können Eltern die sozialen Fähigkeiten ihres Kindes im Alltag fördern.

Kinder wollen:

- die Wertschätzung unterschiedlicher Verhaltensweisen von Jungen und Mädchen: „Dir ist das Spielen mit deiner Barbie-Puppe wichtig. Bernd aber ist lieber draußen mit dem Rad."
- kompensatorische Hilfen bei der Findung ihrer Geschlechtsrolle: Mädchen brauchen Unterstützung in ihrer Selbstbehauptung, zum Beispiel durch Modelle in der Literatur (zum Beispiel Ronja Räubertochter, Pippi Langstrumpf), Jungen brauchen Hilfe bei der Gestaltung von Beziehungen, zum Beispiel durch Gespräche: „Klaus hast du schon lange nicht mehr angerufen ..."
- Hilfen beim Anbahnen der Fähigkeit, die Welt durch die Brille eines anderen Menschen zu sehen: „Da war Peter sicher sehr enttäuscht." – „Das muss Claudia sehr wehgetan haben."
- Anerkennung für ihren rigiden Gerechtigkeitssinn, weil sie lange Zeit alles Geschehen nur auf sich selbst als den Mittelpunkt der Welt beziehen. Erst auf dieser Brücke kann der Sinn für eine neue Gerechtigkeit wachsen: vom Motto „Jedem das Gleiche" zur Botschaft „Jedem das Seine".
- eine verlässliche Beziehung zu den Personen der eigenen Familie als stabiler „Homebase".

Die Bedeutung der Gossensprache

Neben dem Mobbing gibt es in der Grundschule heute ein Phänomen, das Lehrer und Lehrerinnen zunehmend hilflos macht: der lautstarke Gebrauch von obszönen Ausdrücken wie Arschficker, schwule Sau, blöde Nutte und so weiter oder auch der offene Gebrauch von Zeichen wie des „Fick-Fingers" als Drohgebärde. Bereits unter Schulanfängern gibt es Könner

Ausdrücke der Fäkalsprache eignen sich hervorragend, um zu zeigen, wie „groß" man ist, und was man sich traut. Und man kann die Grenzen des Lehrers ausloten.

auf diesem Gebiet, aber richtig aktuell wird das Thema bei den Acht- bis Neunjährigen, auf der Altersstufe der so genannten „kleinen Pubertät". Einfache Verbote im Sinne einer Aussperrung der Fäkaliensprache sind meist wenig wirkungsvoll und erfordern zudem einen großen Energieaufwand von Seiten der Erzieher, weil die Kinder offen oder verdeckt gegen das unausgesprochene Tabu anrennen.

Doch um was geht es den kleinen Rebellen und ihren Mitläufern?

Die Acht- bis Neunjährigen proben den Aufstand und üben sich nicht nur in der Schule darin, das Terrain des Verbotenen auszuloten, Regeln zu überschreiten und die Erwachsenen auszutesten: Wie souverän ist mein Lehrer, meine Lehrerin? Wie klar und sicher beziehen die Erwachsenen Position? Wie viel Verständnis zeigen sie? Gibt es bei „denen" auch so etwas wie Humor? Und wagen es diese Erwachsenen auch wirklich, Farbe zu bekennen?

Kinder in der Mitte ihrer Grundschuljahre sind clevere Detektive im Aufspüren der Grenzen sowohl ihres Verhaltens wie der Antwort durch die Erwachsenen. Wer sich hier bewährt, wird als Boss akzeptiert, sei er Mann oder Frau, wer die Prüfung nicht besteht, wird erbarmungslos fallen gelassen.

Es mag sein, dass sich hier die begrenzten Abenteuermöglichkeiten, die in pädagogischen Inseln verplante Kindheit im Gebrauch der Gossensprache – wie auch im Mobbing – einen neuen Aktionsraum erschließen.

Das Problem mit der Sexualität

Nun ist die Gossensprache voller sexueller Inhalte und die Vermutung liegt nahe, dass die filmkonsumierenden Kinder einfach mehr Aufklärung auf diesem Gebiet wollen. Natürlich ist Körperlichkeit, Intimität und Geschlechtlichkeit ein unge-

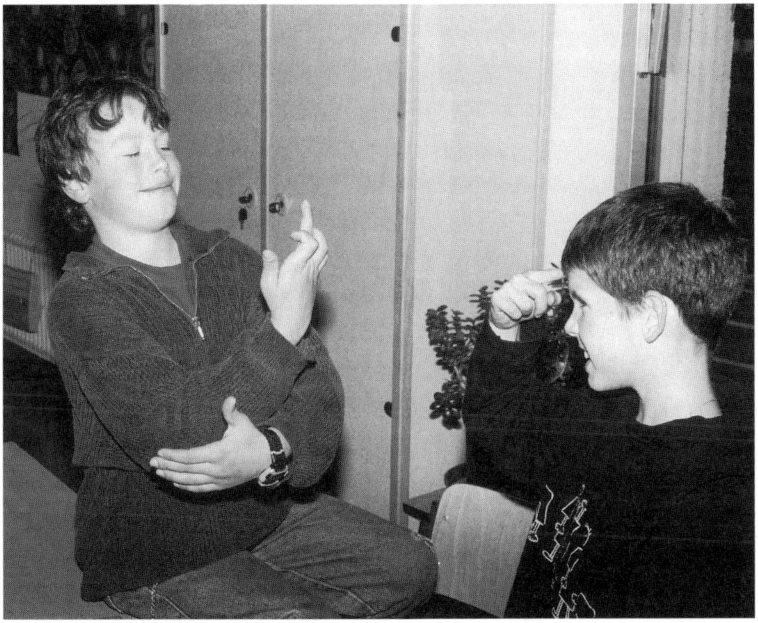

heuer spannendes, aber auch verwirrendes Feld für Kinder, verstörend vor allem dann, wenn sie ungehindert Zugang zu den Videos ihrer Eltern haben. Dennoch ist auch nach einfühlsamer Aufklärung das Begreifen der Kinder über die Sexualität der Erwachsenen immer nur ein Annähernd-Begreifen, ein Beinahe-Verstehen. Kinder im Grundschulalter haben keine wirklich passenden Erfahrungen, um das Gehörte oder Gesehene einzuordnen.

Es geht Kindern nicht um die Inhalte der obszönen Sprache, sondern um die Reaktion der Erwachsenen.

Es wäre auch fatal, sie mit der Aufklärung sozusagen durch das Tor der Erwachsenensexualität zu führen. Kinder wollen wissen, was da los ist, aber sie wollen nicht mit den Gefühlen, der Seligkeit und dem Schrecken der Erwachsenensexualität belastet werden. Vorrangig geht es den Kindern mit dem lautstarken Gebrauch der Gossensprache nämlich um etwas anderes:

Kinder wollen wissen, wie weit „man" gehen kann, und das lässt sich beim Gebrauch obszöner Worte hervorragend austesten. Oft kennen sie den Inhalt dessen, was sie sagen, nur wenig genau; sie wissen nur, dass das Wort irgendwie unanständig ist und die Erwachsenen provoziert. Und umgekehrt ist derjenige der Größte in der Kindergruppe, der sich im Gebrauch der Gossensprache am meisten vorwagt.

Um Macht und Status geht es dabei vor allem in der Jungengruppe. Mädchen rangeln verdeckter, aber genauso effektiv um den Beziehungsstatus. Heißt es bei den Jungen: „Wer ist der Mutigste?", „Wer ist der Mächtigste?", so heißt es bei den Mädchen: „Wer ist die Beliebteste?" Deshalb ist die Beherrschung obszöner Ausdrücke ein wirksames Mittel vornehmlich in der Erreichung der Jungenziele.

Die Sprache der Obszönität – Mittel der sozialen Kommunikation bei Kindern

Dazugehören oder nicht – auch darüber kann der Gebrauch der Gossensprache entscheiden.

Kinder haben feine Antennen dafür, wann sie bei den Erwachsenen mit ihrem Verhalten an Grenzen stoßen, wann ihr Verhalten im wahrsten Sinne des Wortes anstößig ist. Und sie durchschauen Heuchelei und doppelte Botschaften, solche mit verschiedenen Absichten: „Sag das nicht noch mal!" (Empörung) und „Was für ein grausig-schönes Thema!" (Faszination).

Eine empörte Faszination gibt Kindern wenig Orientierung. Um Erwachsene zu provozieren, muss man die wirklichen Inhalte der „geilen Worte" nicht kennen, man muss nur über die Wirkungsabstufung der Worte und Zeichen Bescheid wissen. Welches ist das schlimmste Wort? Welches ist das verletzendste Zeichen? Denn auch untereinander praktizieren Kinder Aufnahme und Abgrenzung durch die Gossensprache: „Darf ich dazu gehören?“, „Verstehst du diese Sprache?“, „Willst du mit mir nichts zu tun haben?“

Die Sprache der Obszönität ist ein wichtiges Mittel in der sozialen Kommunikation bei Kindern im Grundschulalter und hat heute eine herausragende Funktion bei der Gruppenbildung. Aber wie können Eltern und Lehrer damit umgehen?

Auf ihren Machtzuwachs durch die Verwendung der Gossensprache werden Kinder nur verzichten, wenn sie deren Inhalte verstehen und das so konkret wie möglich: „Ein Arschficker ist jemand, der brutal und ohne dass der andere das will, seinen Schwanz in dessen Po zwängt. Das kann sehr wehtun!“

Erst an die Aufdeckung der Wortinhalte, was exemplarisch an einem oder zwei Beispielen geschehen kann, schließt sich die Norm, nämlich das Verbot. Jetzt erst ist Kindern einsichtig, wie wir einander mit solchen Worten verletzen, und warum das in der Schule und zu Hause verboten ist. Durch das mutige Ansprechen fühlen Kinder sich ernst genommen und die Position des Lehrers oder der Lehrerin wird fassbar und dadurch gestärkt.

Im Rahmen der Schule kann ein solches pädagogisches Vorgehen in ein Projekt zur Sexualkunde eingebettet sein. Ein Elternabend über den pädagogischen Umgang mit Gossensprache mag pädagogisches Handeln transparent machen und Eltern und Lehrer erzieherisch „am gleichen Strang“ ziehen lassen.

Nicht tabuisieren, sondern Inhalte offen ansprechen – so lautet die Maxime.

Im Klassenzimmer kann ein Ritual, zum Beispiel „schlimme Wörter versenken“, die Unterrichtseinheit abschließen. Dabei schreibt jedes Kind ein Wort aus der Fäkaliensprache auf einen Zettel, faltet diesen zusammen und steckt ihn öffentlich in eine vorbereitete Kiste.

Was Kinder brauchen

Kinder im Grundschulalter brauchen sexuelle Aufklärung und Orientierung durch das mutig-offene Aufzeigen von Grenzen.

Kinder wollen:

- eine sexuelle Aufklärung, die sich an die Erfahrung der Kinder anlehnt: „Miteinander schlafen ist wie Kuscheln, nur viel schöner und aufregender."
- die mutige Übermittlung von Inhalten der obszönen Worte sowie ein klares Ansprechen der pädagogischen Norm: „Ihr versteht jetzt, warum wir hier solche Worte nicht benutzen!"
- ein offenes Ohr für gefährliche Spiele und Mutproben und eine klare Orientierung durch das Aufzeigen der Grenzen eines Verhaltens mit Angaben der Konsequenzen bei Übertretung.

Über die Anforderungen und Angebote der Schule

Kinder freuen sich darauf, endlich „groß“ zu sein, und in die Schule gehen zu dürfen. Manchen ist es auch ein bisschen mulmig zumute. Was wird die Schule wohl alles bringen? Und Eltern fragen sich häufig, ob ihr Kind auch all den Anforderungen gewachsen sein wird.

Rund um die Einschulung

Der Ernst des Lebens beginnt für die meisten Kinder mit Freude und auch einem kleinen bisschen Bangen, denn Unbekanntes ist zu bewältigen.

„Mit sechs beginnt der Ernst des Lebens" – das hören jährlich Tausende von Sechsjährigen, wenn sie in die Schule eintreten. Doch die meisten freuen sich auf die Schule und können es kaum erwarten.

So ist dieser Schritt einerseits mit einer freudigen Erwartungshaltung gegenüber dem Neuen besetzt, das den ersehnten Status des Schulkindes verleiht, und gleichzeitig mit einem misstrauischen Blick auf die ungewisse, fordernde Zukunft. Dasselbe trifft aber auch für die Eltern zu, die nun einen Teil ihrer Erziehungsrechte an den Staat abtreten müssen und in wesentlichen Bereichen nur noch Anhörungs- oder Mitbestimmungsrechte haben. Vielleicht haben sie gar selbst ihre Schulzeit noch in leidvoller Erinnerung. Und viele fragen sich, ob ihr Kind den neuen Anforderungen auch gewachsen sein wird, ob es tatsächlich „schulfähig" ist.

Ist unser Kind schulfähig?

„Ist unser Kind schulfähig?", fragen so manche Eltern bange beim ersten Elternabend – und oft schon davor beim Einschulungsgespräch. Welche Anforderungen werden an den ABC-Schützen gestellt? Was muss ein Kind können?

Lernen im Kreis der Klassenkameraden

Die meisten Kinder haben ein oder mehrere Jahre lang einen Kindergarten besucht und hier in der Gruppensituation erlebt, was es heißt, selbstständig zu handeln, Bedürfnisse aufzuschieben, mit Frustrationen umzugehen und auch mal Konflikte auszutragen. Ein Unterricht, in dem Lernziele erreicht werden sollen und die Bedürfnisse von 25 oder 30 Kindern zu berücksichtigen sind, fordert all diese Kompetenzen in einem weit höheren Ausmaß, wie folgende Beispiele zeigen.

Viele neue Situationen muss das Kind im Schulalltag selbstständig bewältigen können.

Janine oder die Fähigkeit, selbstständig zu handeln
Schon ein paar Tage nach Schulbeginn geht es in die Turnhalle! Doch davor und danach kommt eine schwere Klippe für Janine. Statt sich die Turnkleidung anzuziehen, setzt sie sich auf die Bank und schaut den anderen Kindern zu. Alle sind fertig, doch sie hat gerade mal die Schuhe abgestreift. In der Elternsprechstunde erfährt die Lehrerin, dass Janines Mutter ihr täglich beim An- und Ausziehen hilft, weil es sonst zu lange dauert. Janine ist nicht daran gewöhnt, das Anziehen selbst in die Hand zu nehmen.

Oliver oder die Frustration, nicht immer gehört zu werden
Oliver weiß die Antwort auf die Frage der Lehrerin, aber er muss warten, bis er aufgerufen wird. Und da sagt doch der doofe Daniel genau das Gleiche vor ihm, denn den hat die Lehrerin aufgerufen: „Das nächste Mal sage ich's dann eben ganz laut! Damit sie merkt, dass ich es weiß! Der zeig ich's!"

Eric oder der Kampf um den ersten Platz
Beim „Aufstellen" am Ende des Schultages als Erster an der Tür zu sein, ist das Wichtigste für Eric. Doch immer versucht Marcel, ihm zuvor zu kommen. Heute ist ihm dies auch gelungen, aber da hat er mit dem Turnsack eins draufbekommen. Natürlich hat er gleich losgeheult.

Alltag in einer ersten Klasse! Ist ein Kind daran gewöhnt, die alltäglichen Dinge wie Aus- und Anziehen oder das Tragen der Kindergartentasche allein zu erledigen, wird es sich auch für seine schulischen Belange verantwortlich fühlen. Hier muss Janine aufholen. Je besser ein Kind auch in familiären Alltagssituationen gelernt hat, auf die sofortige Befriedigung eines

Bedürfnisses zu verzichten, in der Gewissheit, wenn auch nicht heute, so doch ein anderes Mal „dranzukommen", desto leichter fällt es ihm in der Schule. Kinder, die an jeder Supermarktkasse noch einen Schokoriegel mitnehmen dürfen, obwohl das Mittagessen kurz bevorsteht, werden sich hier schwer tun. Damit eng verschränkt ist die Fähigkeit der angemessenen Ich-Durchsetzung, ohne die Fäuste einzusetzen, das eigene Anliegen verbal mitzuteilen und es auch einmal auszuhalten, wenn der andere „Sieger" ist. Das müssen Oliver und Eric noch lernen.

In der Gruppe nimmt jedes Kind eine seinen bisherigen Erfahrungen entsprechende Rolle ein. Eltern sollten dieses Gruppenverhalten ihres eigenen Kindes kennen, um seine sozialen Fähigkeiten einschätzen zu können.

In jeder neuen Gruppe geht es nach einer kurzen Phase des neugierigen Abwartens darum, seinen Platz zu finden und seine Rolle einzunehmen. In der Psychologie spricht man dabei von Gruppendynamik. Je nach bisheriger Familien- und Kindergartenerfahrung wird das eine Kind mit einer unauffälligen Randposition zufrieden sein, das andere einen guten „Co" abgeben und das dritte unbedingt eine Führungsposition einnehmen wollen. Wenn sich der Platz an der Spitze nicht mit Hilfe von „Lachgesichtern", „Sternchen" oder Bewunderung der eigenen Stärke und Schnelligkeit erreichen lässt, steigt so mancher Junge bald um auf Clownerien, Zwischenrufe oder Angebereien. Und so manches Mädchen macht durch Hilflosigkeit auf sich aufmerksam oder schart eine Freundinnen-Clique um sich, dabei deutlich die Rivalin ausgrenzend: „Heute will ich mal neben einer anderen Freundin sitzen!"

Über das Gruppenverhalten des eigenen Kindes erhalten Eltern eindringlich von der Kindergärtnerin Auskunft. Aber auch ihre eigenen Beobachtungen bei Geburtstagsfeiern oder Ausflügen sind hilfreich.

Anweisungen hören und befolgen

„Jonas fühlt sich nicht angesprochen, wenn ich einen Arbeitsauftrag gebe!", beklagt sich die Lehrerin in der Beratung. „Er braucht immer noch mal eine Extra-Aufforderung!“ Und in ihren Worten schwingt die Sorge mit, ob Jonas auch wirklich die Fähigkeit besitzt, im Unterricht mitzukommen.

Diese Ansprechbarkeit in der Gruppe wird in der Schule andauernd gefordert. Jonas muss sein „egozentrisches Weltbild“ weiterentwickeln und sich als Teil einer Gemeinschaft erleben, in der sein Lehrer oder seine Lehrerin gleichzeitig ihn und noch 28 andere Kinder meint. Vielleicht fällt es Jonas aber auch schwer, seine Aufmerksamkeit über eine bestimmte Zeit aufrechtzuerhalten, und so verpasst er die gegebene Anordnung, weil seine Gedanken woanders sind. Es kann aber auch sein, dass es Jonas nicht gelingt, sich mehrere Teilschritte einer Anweisung zu merken.

Auch ohne persönlich angesprochen zu sein, muss das Kind das Unterrichtsgeschehen von sich aus dauerhaft verfolgen.

Eltern sollten zu Hause darauf achten, ob ihr Erstklässler Anweisungen befolgt, insbesondere, wenn diese komplexer sind, also mehrere Teile beinhalten: „Bitte wasch dir die Hände und mach das Licht im Gang aus!“

Mich selbst antreiben und steuern: die Motivation beim Lernen

Auch eine andere Fähigkeit bringt das Schulkind aus dem Kinderzimmer mit: Wenn sich Manuela zu Hause in das Spiel mit den Barbies oder in das mühsame Zusammensetzen eines Puzzles vertiefen kann, wird sie sich auch längere Zeit mit einer Aufgabe im Unterricht beschäftigen können: eine Zeile große „M“ schreiben, bestimmte Mengen mit dem roten Stift auf einem Arbeitsblatt umfahren ... Sie wird sich auch durch den heruntergefallenen Bleistift der Nachbarin und das Niesen des Mitschülers nur kurz ablenken lassen.

In der Schule geht es vor allem darum, fremdbestimmte und darum oft langweilige Arbeiten zu erledigen (siehe auch „Vom Umgang mit Stress und Misserfolg“, Seite 63ff.). Was aber bringt ein Kind dazu, längere Zeit bei einer Sache zu bleiben?

In der Schule muss das Kind ausdauernd oft langweilige Aufgaben erledigen – das kann es nur, wenn es schon zu Hause gelernt hat, sich selbst zu beschäftigen.

Ein Kind wird in der Schule umso aufmerksamer und motivierter sein, je häufiger es die Erfahrung gemacht hat, dass die eigene Anstrengung zum Erfolg führt: „Ich mühe mich mit dem Schleifenbinden – der Schuh sitzt am Fuß, ich kann zu meinem Freund laufen." – „Ich übe intensiv, wie man den Ball ins Tor schießt – beim nächsten Spiel schieße ich ein Tor, die anderen bewundern mich."

Sonntagskinder, die gewohnt sind, dass sich der Erfolg auch ohne Anstrengung einstellt, entwickeln wenig Durchhaltevermögen.

Dasselbe gilt für Kinder, die trotz großer Anstrengung nicht das ersehnte Resultat erzielen. Sie werden das Schreiben schon bald als „blöd" und das Lesen als „baby" abwerten und damit kurzfristig ihren Selbstwert schützen (siehe Seite 74ff.).

Für die Erziehung gilt: Verwöhnen schadet ebenso wie Überfordern. Aufgabenstellungen im Alltag, die das Kind bewältigen kann, und die es mit Stolz und Freude erfüllen, sind die beste Vorbereitung für die Leistungsanforderungen in der Schule.

Kognitive Voraussetzungen für das Erlernen von Lesen, Schreiben und Rechnen

Um erfolgreich lernen zu können, müssen beim Kind bestimmte kognitive Grundfähigkeiten entwickelt sein. Damit ist nicht das logische Denken gemeint, auch nicht das Seh- oder Hörvermögen, sondern die neurologische Verarbeitung von Lernangeboten. In der Literatur findet man diese Fähigkeiten auch unter den Begriffen „Teilleistungen" oder „Wahrnehmungsfunktionen“. All diese Funktionen kann man wie Äpfel an einem Baum betrachten: Welche Äpfel am Lernbaum sollten bei der Einschulung reif sein?

Sind alle Äpfel am Lernbaum rot? Erst wenn bestimmte Grundfähigkeiten entwickelt sind, ist das Kind „reif“ für die Schule.

Ein Riesenbaby im Klassenzimmer
„Mark ist so groß, und er mag nicht mehr in den Kindergarten gehen, dort langweilt er sich!“, begründen seine Eltern den verständlichen Wunsch, ihn einzuschulen. Mark selbst möchte in die Schule, weil sein bester Freund dieses Jahr gehen darf. Die Erzieherin äußert ihre Bedenken. Nach einer ausführlichen Diagnostik muss auch die Schulpsychologin abraten. Aber wie kann sie den Eltern erklären, dass Mark in der Schule vermutlich scheitern wird?

Wichtige Fähigkeiten zum Erlernen des Lesens und Schreibens

Wenn ein Kind in die Schule kommt, muss es optisch differenzieren können. Es muss Einzelheiten, zum Beispiel in einem Bild, erkennen, es muss sicher feststellen, ob es sich um ein „b“ oder ein „d“ oder ein „w“ oder ein „m“ handelt. Kippt das Bild in der Wahrnehmung des Kindes, dann sagen die Psychologen, dass es den Schritt aus der „Welt der Tassen“ in die „Welt der Buchstaben“ noch nicht getan hat. Eine Tasse bleibt eine Tasse, nach welcher Seite der Henkel auch schwingt, ganz anders ist es bei den Schreibzeichen. Der Erstklässler muss beim Wort „Apfel“ aus dem Gewirr der Schreibzeichen das „f“ als Figur in den Vordergrund seiner Wahrnehmung rücken können.

Genauso muss er auch bei Gehörtem reagieren: Aus der Klangfolge eines Wortes muss er einzelne Laute wiedererkennen, damit er ihnen die richtigen Schreibzeichen zuordnen kann und diese schließlich in einer bestimmten Bewegungsfolge in seinem Heft auftauchen. Schreibenlernen ist ein

Die Fähigkeit zur optischen und akustischen Differenzierung sowie eine entwickelte Feinmotorik sind unerlässlich für das Schreibenlernen.

äußerst komplizierter Prozess, bei dem auch die Feinmotorik eine Rolle spielt: Zeilen müssen eingehalten werden, und bei vielen Buchstaben gilt es, Überkreuzbewegungen sicher auf das Papier zu bringen, und nicht mit Zacken oder Kreisen zu schummeln.

Darauf sollten Eltern achten:
Wenn Ihr Kind seinen Namen spiegelverkehrt schreibt, wenn es sich auf der Rätselseite der Kinderzeitschrift schwer tut, einen abgedruckten Apfel mit dem Blatt nach rechts in einer Menge anderer Äpfel wiederzufinden, kann das ein Hinweis sein, dass die optische Differenzierung noch nicht ausreichend entwickelt ist.

Manche Kinder wiederum können sich vorgegebene Formen wie Dreieck, Kreis oder Viereck nicht merken und in wiederkehrender Reihenfolge als Muster abmalen, oder es fällt ihnen schwer, zwei Gegenstände mit einem Strich zu verbinden. Ein erster Hinweis ist meist, wenn sich das Kind beim Malen schwer tut und dieses ablehnt. Meist hat das nichts mit seinem künstlerischen Talent zu tun, sondern mit Schwierigkeiten in den beschriebenen Grundfertigkeiten. Genauso kann eine undeutliche Aussprache ein Alarmzeichen sein. Diagnostische Klarheit schaffen auch hier Kinder- und Jugendpsychiater wie auch Schulpsychologen.

Fähigkeiten zum Erlernen des Rechnens

Für das Rechnen kommen zu den genannten Kompetenzen noch solche Fähigkeiten hinzu, die der Entwicklung des logischen Denkens zugeordnet werden. Ein Kind sollte bei Schuleintritt Gegenstände nach ihrer Größe, nach ihrer Farbe oder ihrer Verwendung ordnen können: Alle Playmobil-Ritter gehören in eine Schachtel, die Teile für den Bau der Burg aber in eine andere!

Vom Erstklässler wird auch gefordert, dass er mit einem Blick eine Menge von fünf Gegenständen erfassen kann und weiß, dass sich diese Menge nicht verändert, wenn man ihre Anordnung verändert. Fünf Dinos bleiben fünf Dinos, wie immer sie auch gruppiert sind! Und beim Zählen muss der Finger immer dann auf die Murmel zeigen, wenn das Kind die Zahl ausspricht.

Die Fähigkeit, Schlussfolgerungen zu ziehen und Wesentliches zu erkennen, ist Voraussetzung für das Rechnen.

Besonders schwer haben es Kinder, die noch stark auf Anschauung angewiesen sind und keine innere Vorstellung von Mengen entwickelt haben.

Und auch Kinder, denen es schwer fällt, das Bedeutsame einer Situation zu erkennen, haben später beim Rechnen Probleme: Für die Gefährlichkeit eines Dinos ist nicht seine Farbe ausschlaggebend und nur zu einem geringen Anteil seine Größe, sondern sein Gebiss, also sein Fressverhalten.

Rechts-, Links- oder Beidhänder?

Längst weiß man um die negativen Auswirkungen, wenn linkshändige Kinder dazu gezwungen werden, rechts zu malen und zu schreiben.

Schwerer haben es Eltern und Lehrer mit den Kindern, die sich bis zum Schulbeginn noch nicht endgültig auf eine bevorzugte Hand festgelegt haben:

Schneiden, nach der Zuckerdose greifen, den Ball kicken mit rechts, jedoch schreiben und zeichnen mal mit rechts, mal mit links. Was aussieht wie ein Multitalent, ist zur Bewältigung der Anforderungen in der Schule wenig günstig.

Unter Legasthenikern findet man einen hohen Anteil an Beidhändern. Der Spezialist macht seine Sache einfach besser als der Generalist, der viele Dinge nur mittelmäßig kann. Beobachten Sie Ihr Kind also genau: Mit welchem Bein kickt es den Fußball? In welcher Hand hält es den Hammer, wenn es Nägel einschlägt? Mit welcher Hand ergreift es die Türklinke?

Im Zweifelsfall lassen Sie einen Hand-Dominanz-Test beim Beratungslehrer oder Schulpsychologen machen.

Zurückstellen oder frühzeitig einschulen?

Während in den „Reifungstheorien" der 50er- und 60er-Jahre davon ausgegangen wurde, dass man nur lange genug warten müsse, dann entwickle das Kind schon die zum erfolgreichen Lernen nötigen Fähigkeiten, weiß man heute, dass diese durch Anregungen oder gezielte Übungen erheblich gesteigert werden können.

Gezielt fördern

Jedes Kind soll entsprechend seinem Entwicklungsstand eingeschult bzw. gefördert werden – nicht nur aufgrund des „richtigen" Alters.

Werden Kinder heute wegen eines Entwicklungsrückstandes ein Jahr vom Schulbesuch zurückgestellt, so achten Schule und Eltern darauf, dass das Jahr zur Förderung in einem Schulkindergarten, in einer „Schulvorbereitenden Einrichtung" oder einer Vorschule genutzt wird. Auch ambulante Fördermöglichkeiten mit gezielten Lernanregungen durch Ergotherapie oder heilpädagogische Übungen helfen dem Kind, in seiner Entwicklung aufzuholen. Wichtig ist allerdings in jedem Fall eine differenzierte Diagnostik. Viele Eltern nutzen auch das allgemeine Angebot für Kinderaktivitäten: Sportverein, musikalische Früherziehung, Malschule, das „Kids-Angebot" der Volkshochschulen.

Was den Büchermarkt betrifft, so ist die Einschulung inzwischen ein Geschäft geworden. Als Entscheidungshilfe gilt: Hefte, die den Schulstoff vorwegnehmen und Buchstaben und Ziffern üben, schießen am Ziel vorbei. Nicht das Schreiben der Ziffer 3 ist wichtig, sondern das Erkennen der Menge von 3 Äpfeln und das Wiedererkennen von 3 Bananen. Nicht das Schreiben des „a" soll geübt werden, sondern das Wiederfinden einer bestimmten Form in einem „Formensalat“ oder das Nachvollziehen eines Bewegungsablaufes.

Was aber tun Kinder, die schon lesen können, wenn sie in die Schule kommen? Langweilen sie sich nicht? Diese Gefahr besteht sicherlich. Es muss aber nicht so kommen.

In den Fibelwerken wird viel variiert bezüglich der Arbeitsformen und -strategien, die grundlegend für weiteres Lernen sind. Bei einem sehr frei konzipierten Leselehrgang oder in Freiarbeitsphasen können sich Leser dann Textangebote aussuchen, die ihrem Können angemessen sind. Auf jeden Fall ist es wichtig, den Lehrer auf den Könnensstand des Kindes hinzuweisen. Er kann dann, statt selbst vorzulesen, das Kind vorlesen lassen, viele andere Leseanlässe nutzen oder Hefte austeilen lassen, bei dem der Name erlesen werden muss. Im Abschnitt über hoch begabte Kinder wird auf dieses Problem noch einmal Bezug genommen (siehe Seite 120ff.).

Soll ein Kind vorzeitig eingeschult werden, so müssen bei ihm die meisten der besprochenen Fähigkeiten vorhanden sein – sowohl hinsichtlich der sozialen wie der kognitiven Reife.

Was Kinder brauchen

Kinder brauchen bei Schulbeginn Eltern und Lehrer, die wertschätzend zusammenhelfen, damit sie dieses kritische Ereignis in ihrem Lebenslauf bewältigen.

Kinder wollen:

- Angebote zum Selbstständigwerden und freundlich-liebevolle Frustrationen zum Aufbau von Ich-Stärke.
- einen geordneten Tageslauf, an dem sie sich immer wieder orientieren können.

- aufmerksame Erwachsene, die bei „grünen Äpfelchen" in ihrer seelisch-geistigen Entwicklung Hilfe bieten.
- Eltern und Lehrer, die ihnen Mut machen, wenn sie bei Hindernissen in der Schule verzagen.

Ein Monster namens „Lehrplan"

„Zu solchen schönen Dingen habe ich einfach zu wenig Zeit!", klagen Lehrer oft in Seminaren, wenn spielerische Aktivitäten vorgestellt werden. Und entschuldigend fügt so mancher Teilnehmer hinzu: „Sie wissen ja, der Lehrplan!"

Im Lehrplan sind die didaktischen Schwerpunkte für die einzelnen Jahrgangsstufen festgelegt.

Der Lehrplan, der gleichsam als unsichtbares Monster im Klassenzimmer Regie führt, beeinflusst Lehrer, Eltern und Kinder zugleich. Während das eine Kind froh ist, wenn die beiden ersten Schuljahre vorüber sind, in denen ihm dieses mächtige Curriculum so oft Langeweile bereitete, bangen manche Eltern vor den Qualen des „schwierigen" dritten Schuljahrs. Der Lehrplan, in manchen Bundesländern durch Richtlinien ersetzt, um mehr Spielraum zu ermöglichen, soll garantieren, dass Unterrichtsstoff vom Lehrer nicht willkürlich gewählt wird und die Kinder, zumindest was ihr Wissen und Können betrifft, in jeder Schule dieselben Chancen haben. Welches sind die Inhalte eines solchen Lehrplans in der Grundschule?

Die ersten beiden Schuljahre – vom Spiel zur „Arbeit"

Auf jeden Fall nimmt spielendes Lernen im Anfangsunterricht großen Raum ein – angefangen von altbekannten Fingerspielen wie „Zehn kleine Zappelmänner", welche die Finger für das Schreiben lockern, über Gedichte und Lieder, mit denen die Orientierung von links und rechts und damit unsere Kulturrichtung gefestigt wird, bis hin zum uralten Zungenbrecher von „Fischers Fritze“, der zur Lautunterscheidung beiträgt. Kindgemäße Lernformen sollen zur Aufrechterhaltung der mitgebrachten Neugierde und Lernbereitschaft beitragen. „Dürfen wir morgen wiederkommen?“, geäußert aus hoffnungsvollem Erstklässlermund, ist dann der Lohn für den kreativen Lehrer.

Spielend geht es los – Schule soll zunächst vor allem Spaß machen.

Im Anfangsunterricht wird besonderer Wert darauf gelegt, dass der Lerngegenstand ganzheitlich erfasst und in einsichtige Sinnzusammenhänge eingebettet ist. So werden mehrere Lernbereiche, die später einzeln behandelt werden, ineinander verwoben. Beim Lernen des „T“ wird gezeichnet, geknetet, im Sand das Zeichen nachgezogen, die Geschichte vom „Tischlein deck dich“ vorgelesen und gespielt. Der Gong zeigt nur die Pause und das Unterrichtsende an. Die Zeit dazwischen teilt der Lehrer selbst in kurze Lern- und „Auftankphasen“ ein, im Bewusstsein, dass kein Erstklässler länger als 15 Minuten konzentriert arbeiten kann.

Lesen und schreiben lernen

Zu den Kernaufgaben des Unterrichts in den beiden ersten Jahren gehört der Schriftspracherwerb, der den Zugang zu unserer Kultur eröffnet. Am Ende des ersten Schuljahres können die Kinder lesen und schreiben, das eine Kind besser, das andere noch sehr mühevoll. Während manche Erstklässler am Ende des Schuljahres einen Text sowohl erlesen, wie ihm auch seinen Inhalt entnehmen können, sind andere noch damit beschäftigt, die Buchstaben zusammenzuziehen und das gemeinte Wort zu finden. Ihr Kurzzeitgedächtnis ist noch völlig besetzt von der schwierigen Aufgabe, die Schreibzeichen zu decodieren. Der systematische Lese- und der ihn unterstützende Druckschrift-Lehrgang sind jedenfalls am Ende der ersten Klasse durchlaufen. Trainiert werden die Fertigkeiten dann im nächsten Schuljahr.

Doch wie schafft es ein Lehrer, in 25 Kindern gleichzeitig diese „ermächtigende“ Fertigkeit zu entwickeln?

Die Lernmethode

Die Erfahrungen mit der reinen Ganzwortmethode in den 60er- und 70er-Jahren, welche die Zahl der Legastheniker in die Höhe schnellen ließ, führten schließlich dazu, dass heute eine einseitige methodische Ausrichtung vermieden wird. Das Lesen wird meist in der kombinierten Form gelernt: Das Kind merkt sich einige Ganzwörter, meist sind dies die Namen der Fibelkinder, welche als Identifikationsfiguren die Klasse begleiten. Das Buchstabenlernen geschieht dann durch Einprägung des Einzelbuchstabens, der sehr bald mit seinen anderen „Geschwistern“ zu Wörtern zusammengesetzt wird. Dabei geht der Leselehrgang nicht nach dem Alphabet vor, sondern vom Leichten zum Schweren. Zuerst kommen die eindeutigen Laute und Buchstaben (zum Beispiel M/m), dann die schwerer zu unterscheidenden (zum Beispiel E/e).

Lesen- und Schreibenlernen ist ein stufenweiser Prozess.

Texte erlesen und das schriftliche Umsetzen von Sprache folgen einer Entwicklung in Stufen. Verfolgen wir diesen Prozess beim achtjährigen Niklas.

Beim Schreiben hat Niklas mit Kritzelbildern begonnen. Er imitierte einfach, was er bei seinem älteren Bruder und seinen Eltern beobachtete. „Ich geh jetzt schon mal Hausaufgaben machen!“, war einer seiner Kommentare, als er noch den Kindergarten besuchte. Irgendwann im Laufe des ersten Schuljahres begriff Niklas, dass jedem Laut ein bestimmtes Schreibzeichen zugeordnet werden kann, wobei er manche Vokale wegließ. „Rla“ las seine Mutter da und rätselte, was Niklas meinte. Dieses Stadium wurde abgelöst vom nächsten, in welchem der Erst- und Zweitklässler so schrieb, wie er die Laute hörte. Mühsam tastete er Laut für Laut ab, und das Ergebnis, auch wenn es uns rechtschriftlich nicht befriedigt, ist eine eindrückliche Leistung: „Rola“. Erst zuletzt, jetzt schon im dritten Schuljahr, begann Niklas damit, Regeln anzuwenden, und nun befriedigte das geschriebene Wort alle Erwachsenen: „Roller“ lasen sie, so wie die Orthographie es vorschreibt.

Ein Kind, das Anner schreibt statt Anna, hat dieses letzte Stadium bereits erreicht, auch wenn das Wort falsch geschrieben ist. Unsere Rechtschreibung, das gilt es sich immer wieder vor Augen zu halten, ist nur bedingt logisch aufgebaut. Fehler der Kinder wollen genau betrachtet werden, und es kann sehr spannend sein zu entdecken, wie Kinder ihre Texte rechtschriftlich konstruieren. Das Wichtigste ist, den Kindern die Freude am Schreiben zu erhalten und ihnen nicht durch zu viel „Rotstift“ die Lust an dieser Fertigkeit schon bald auszutreiben. Die didaktische These, dass Kinder kein falsches Wort sehen dürfen, ist heute nicht mehr haltbar.

Wenn alle Buchstaben gelernt sind, fangen viele Lehrer schon mit der Einprägung kleiner Texte an, die dann zur Freude des einen und zum Leid des anderen Kindes diktiert werden. In vielen Bundesländern ist ein Grundwortschatz vorgeschrieben. Das bedeutet, dass in jedem Jahrgang eine bestimmte Menge von ausgewählten Wörtern intensiv geübt wird.

Richtig rechnen können

Mathematik ist der Stoff, der durch seine Systematik am klarsten strukturiert wird. Doch auch der Mathematikunterricht knüpft an die vorschulischen Erfahrungen des Kindes an. Durch den anschaulichen und direkten Umgang mit Gegenständen lernt das Kind einen Rechenvorgang handelnd zu verstehen, bis es ihn dann nur noch auf der abstrakten Symbolebene der Zahlen löst.

Auch Rechnen basiert auf dem handelnden Umgang mit Gegenständen.

Dieses Weiterschreiten vom Konkreten zum Abstrakten ist ein wichtiger Entwicklungsschritt. Dass Kinder als immer griffbereites Anschauungsmittel zuerst die Finger einsetzen, ist völlig in Ordnung. Nur wenn die Klasse im Stoff fortgeschritten ist und die Finger zur Lösung „nicht mehr ausreichen", ist Alarm angesagt. Die Kinder beginnen im Laufe ihrer gesamten Grundschulzeit Rechenvorgänge zu verstehen, sie gewinnen Sicherheit im beweglichen rechnerischen Denken und erfassen auf diese Weise die Sachverhalte ihrer Umwelt nun differenzierter durch Zahlen.

Die „Oberstufe" der Grundschule – die Sachorientierung regiert

Im 3. und 4. Schuljahr weicht das spielerische Lernen einem leistungsorientierten, zunehmend abstrakten Arbeiten.

Claudia wird im November ihres dritten Schuljahres in der Beratung angemeldet, weil sie seit einigen Wochen nicht mehr in die Schule gehen mag. „Bei der alten Lehrerin war alles ganz anders!", beklagt sich die Mutter und vermittelt auf diese Weise die Botschaft, dass die neue Lehrerin schuld sei. Die Zeugnisse sprechen von einer Schülerin, die zwar sowohl in Mathematik wie in Deutsch den Lernstoff erfasste, jedoch viel Unterstützung von zu Hause brauchte und in ihrem Arbeitstempo oft Schwierigkeiten hatte, die vorgegebene Zeit einzuhalten.

Wie Claudia ergeht es so manchem Kind beim Sprung ins dritte Schuljahr. „Groß sein" kann auch anstrengend sein. Was ist der Hintergrund für diese Schwierigkeiten?

Betrachtet man die unterrichtlichen Schwerpunkte der vier Grundschuljahre, lässt sich in den ersten beiden Jahren eine stärkere Kindorientierung feststellen, die in den beiden nächsten Klassen einer intensiveren Sachorientierung weicht. Das „warme Nest" wird von einer „kühleren" Leistungsorientierung

abgelöst. Kein Wunder, dass so manche Eltern den Lehrer dafür verantwortlich machen. Dieses fordernde Lernklima umfasst sowohl das Arbeitstempo wie die Inhalte. So steht das Lesen nun im Dienste der Informationsbeschaffung, was voraussetzt, dass die Lesefertigkeit weitgehend automatisiert ist. Ergänzt wird der Deutschunterricht zunehmend durch die Vermittlung von grammatikalischem Grundwissen und einem systematischen Aufsatzunterricht. Aus einigen selbstständig formulierten Sätzen entwickelt sich auf dem Gebiet des Sachtextes die Beschreibung und im Bereich des Erzählens die Erlebniserzählung, die mit Hilfe eines kunstvoll arrangierten sprachlichen Spannungsbogens den Leser fesseln soll. In Mathematik werden die Zahlenräume erweitert und komplexere Textaufgaben müssen in Teilschritte zerlegt und in mathematische Operationen umgesetzt und aufeinander bezogen werden.

Und so atmet in der Oberstufe der Grundschule manches Kind auf, ein anderes dagegen sehnt sich bei den wachsenden didaktischen Ansprüchen zurück zu der Zeit, als es beim Hinausgehen seiner Lehrerin noch zuflüsterte: „Du bist so lieb!"

Was Kinder brauchen

Kinder im Grundschulalter brauchen Erwachsene, die sich über die didaktischen Anforderungen in den einzelnen Schuljahren informieren und diese kindbezogen steigern.

Kinder wollen:

- kundige Eltern und Lehrer, die ihnen helfen, ihre Fähigkeiten mit den Leistungsanforderungen der Schule abzustimmen.
- einfühlsame „Laternenträger", die ihnen Erfolge ermöglichen, indem sie bei Schwierigkeiten Unterstützung anbieten und zuweilen die eigenen Ziele ihrem Wohl unterordnen.
- Bestätigung in ihrem Bemühen, mit den steigenden Anforderungen im Unterricht Schritt zu halten.

Verschiedene Unterrichtsformen – Vor- und Nachteile

Meine Lehrerin ist die Beste

Ein Gespräch zwischen zwei Müttern, deren Kinder in derselben Grundschule Parallelklassen besuchen, könnte folgendermaßen ablaufen:

Frau Spohn: „Sabine ist sehr glücklich mit ihrer neuen Lehrerin. Sie ist einfach sehr modern. Wissen Sie, da werden die Kinder nicht im Gleichschritt vorangetrieben, sondern sie gibt ihnen Ge-

legenheit, ihr eigenes Tempo zu wählen. Meine Sabine atmet richtig auf. Da gibt es jetzt viel freie Arbeit. Da können die Kinder den Stoff wählen, der ihnen zusagt."
Frau Sommer: „Da bin ich aber froh, dass meine Tochter von einer älteren Lehrerin unterrichtet wird. Die hält die Klasse auf ‚Zack', da wird wenigstens noch was gelernt. Bei so einer freien Arbeit, da würde meine Cornelia nur rumspielen!"

Die beiden Mütter beschreiben anschaulich zwei Unterrichtsformen, die auch in der pädagogischen Literatur oft einander gegenüber gestellt werden und zu regelrechten Image-Kämpfen führen. Implizit ist dabei immer die Frage enthalten, was besser ist: Der „altmodische" und lehrergesteuerte Frontalunterricht als Überbleibsel der alten Rohrstock-Pädagogik im Gegensatz zu schülerorientierten Unterrichtsformen, die sich an den aktuellen Bedürfnissen der Schüler orientieren.

Was sollen Kinder heute lernen?

Noch bis vor einer Schülergeneration stieg das Ansehen eines Lehrers mit der Fülle des Unterrichtsstoffes, den er den Schülern „beybrachte". In unserer Wissenschaftsgesellschaft, in der Wissen rasch veraltet, treten andere Qualifikationen in den Vordergrund: Nicht das Wissen selbst steht an erster Stelle, sondern die Methoden zur Aneignung von Wissen müssen Kinder kennen. Zudem verlangen die beruflichen Veränderungen vom Schulabgänger Teamfähigkeit, Kreativität und ein eigenständiges Entwickeln von Lösungen. Wie aber soll solches erreicht werden, wenn die Kinder in ihrer Schulzeit ihre Zeit nur damit verbringen, sich Stoff anzueignen?

In der Informationsgesellschaft ist es wichtiger, Arbeitstechniken und Teamarbeit zu erlernen, als rasch veraltendes Wissen zu pauken.

Und nicht zuletzt führte die Beobachtung, dass trotz Gleichschritt im Vorgehen nicht alle Kinder gleich schnell und gleich gut lernen, zum Blick über den Zaun. So schaute sich die Regelschule von der Freinet- und von der Montessoripädagogik so genannte offene Unterrichtsformen ab: Kinder dürfen in Freiarbeitsphasen selbstbestimmt Lerninhalt und Lernmaterial wählen, meist begleitet von einem Arbeitsplan, oder sie arbeiten in Gruppen an Projekten.

Vom Blick durch die Lehrerbrille

Auch die Wissenschaft ist sich nicht einig, welche Lehrmethode den besten Erfolg bringt.

Der Lehrer muss sich bei der Planung seines Unterrichts die Frage stellen, welches (Lern-)Ziel er anstrebt. Sollen sich die Kinder einen bestimmten Inhalt aneignen? Oder sind ihm heute Erziehungsziele wie die Fähigkeit zur Zusammenarbeit oder kreative Lösungsfindung besonders wichtig? Geht es zum Beispiel um die Einführung eines komplexen mathematischen Sachverhalts, wie die Zehnerüberschreitung in den beiden ersten Schuljahren, dann ist eine systematische Einführung mit Übungsphasen nach jedem Teilschritt unumgänglich. Auch das begleitende Sprechen muss trainiert werden, damit es schließlich zu einer entlastenden Automatisierung kommen kann. Weitere vertiefende Übungsphasen können dann allerdings in freierer Form stattfinden, in denen sich die Kinder verschiedene Schweregrade wählen.

Aber selbst in dieser Ansicht widersprechen sich die wissenschaftlichen Befunde. Während die eine Studie nachweist, dass die Klarheit in der Darbietung des Unterrichtsstoffs am meisten zum Lernzuwachs beiträgt, zeigt die andere, dass diejenigen Schüler am besten abschneiden, die eigenständige Lösungsarbeit gewohnt sind.

Vom Blick durch die Schülerbrille – Kinder lernen verschieden

Bei diesen Diskussionen muss unbedingt beachtet werden, dass jedes Kind anders lernt und andere Lernvoraussetzungen mitbringt. Und deshalb profitiert nicht jedes Kind genauso von einer Lehrform wie das andere. Ein Kind, das Zusammenhänge rasch erfasst, sich Neues selbst strukturieren und von sich aus systematisch aneignen und dann auch merken kann, zieht aus einer freieren Lernform größeren Nutzen. Durch das Erlebnis eigener Wirksamkeit werden diese Kinder immer wieder neu und nachhaltig motiviert. Bei freier Aufgabenwahl suchen sie sich selbst Problemstellungen mit dem für sie richtigen Schwierigkeitsgrad. Die gewählte Aufgabe fordert sie heraus, sie müssen sich also anstrengen, aber die Schwierigkeit ist nicht so hoch, dass sie scheitern. Solche Kinder drängen von allein zur „Zone nächster Entwicklung“, und eine freie Lernform unterstützt sie dabei.

Was braucht der „schnelle Lerner“?

Anders bei Kindern, die Neues langsamer verarbeiten, sich nicht gleich alles merken können und viele Wiederholungen brauchen, um einen Stoff sicher zu beherrschen: Diese Kinder müssen, um zum selben Lernstand zu kommen wie ihre „raschen“ Mitschüler, ein Mehrfaches an psychischer Energie aufwenden.

Was braucht der „langsame Lerner“?

Sie müssen sich einfach mehr plagen. Um Fortschritte zu erzielen, wollen sie immer wieder zur Beschäftigung mit dem Lernstoff angehalten werden, und zwar in kleinen Schritten, die ihnen Erfolgserlebnisse ermöglichen und die Erfahrung: „Hoppla, das kann ich auch!“ Sie brauchen Variationen der Übung und eine klar strukturierte Darbietung des Stoffes. Dürfen diese Kinder frei wählen, greifen sie meist zu Lernmaterial, das entweder sehr leicht ist, also eine 100%ige Erfolgsgarantie beinhaltet, ihnen aber keinen Lernzuwachs bringt, oder zu sehr schweren Aufgaben, die ihre Meinung bestätigen: „Mathe kann ich nicht!“

Die für diese Kinder an die Freiarbeit geknüpfte Hoffnung, dass ihre Motivation durch die eigene Wahl der Aufgaben steigt und sie nicht mehr unter ihren Handicaps leiden, erfüllt sich meist nicht. Nur wenn der Lehrer die Selbstständigkeit in der Freiarbeit dazu nützt, sich speziell mit seinen „langsamen Lernern“ zu beschäftigen, sind offene Unterrichtsformen auch für diese Kinder ein Gewinn.

Lernformen für Kinder mit Aufmerksamkeitsproblemen

Auch bei Kindern, die sich nur über kurze Zeit konzentrieren können, führt ein überwiegend frei gewähltes Lernen zu wenig Lernerfolg. Nur zu leicht lassen sie sich von Umgebungsreizen ablenken, seien diese optischer oder akustischer Natur. Sie können in einer unruhigen Klasse mit höherem Lärmpegel nicht die wesentlichen von den unwesentlichen Hintergrundreizen unterscheiden. So gelingt es ihnen nur selten, ihre Aktivität zu kontrollieren und für eine Aufgabenstellung zu kanalisieren. Die fehlende innere Steuerung muss der Lehrer von außen übernehmen. Man spricht auch vom „monitoring“; dies bedeutet, dass der Lehrer Anregung für das Kind in eng begrenzten Situationen schafft. Er muss dem Kind helfen, begonnene Aktivitäten nicht aufzugeben, wobei die anderen Kinder als Modell oft eine segensreiche Wirkung ausüben im Sinne von „Die machen das auch!“

Was Kinder brauchen

Kinder im Grundschulalter brauchen Lernformen, die ihrer individuellen Art der Stoffaneignung entsprechen.

Kinder wollen:

- nicht zwischen den Mahlsteinen didaktischer Positionen zerrieben werden.
- Erwachsene, die ihre Art des Lernens erkennen und würdigen.
- sich gemäß ihrem Lerntyp in gebundenen Lernformen mit eindeutiger Struktur oder in freien Lernformen mit den Möglichkeiten zum Selbst-Entdecken erproben.

Mit Noten leben – die Noten überleben

Am Tag der Zeugnisausgabe läuft in der Beratungsstelle das Telefon heiß. Es sind vor allem Vertreter der öffentlichen Medien, die den sicheren Tipp für Eltern im Umgang mit ihrem zeugnisbeladenen Kind wollen. „Keine Angst mehr vor dem Zeugnis“ oder „Hilfen bei Zeugnisnot“, so wird dann der Telefondienst der Beratungsstellen in der Presse angekündigt. Seit längerer Zeit aber sind die Anrufe von Grundschuleltern selten geworden. Meist handelt es sich um Beschwerden über pädagogisch-didaktische Verhaltensweisen von Lehrern, die in den Augen der Eltern ihrem Kind schaden. Die Zeugnisse scheinen in der Grundschule ihren Schrecken verloren zu haben. Entspannung haben hier wohl die verpflichtenden Lehrersprechstunden sowie der Ausbau der Schulberatung gebracht.

Trotz Fleiß kein Preis? Mit Noten zu leben ist für manche Kinder gar nicht so einfach!

Ein kontinuierlicher Kontakt zwischen Schule und Elternhaus scheint inzwischen selbstverständlich zu sein. Der Schock über das Zeugnis wird also verhindert, doch die alltägliche Konfrontation der Kinder mit den Noten bleibt, auch wenn diese in den meisten Bundesländern erst ab dem dritten Schuljahr Realität werden. Doch wie wirken sich Noten auf die Befindlichkeit des Kindes aus?

Noten und ihre Auswirkungen auf die Psyche des Kindes

„Kriegen wir heute die Matheprobe zurück?“, fragen Regine und Mirko ungeduldig. Auf die Bestätigung der Lehrerin reagieren die Kinder mit einem erfreuten „Geil!“. Erwartungsvoll sitzen die beiden Frager auf ihren Stühlen, bis ihnen die Lehrerin die Arbeit überreicht, auf der eine große rote Eins prangt. Noch mal ein lautes „Ah!“ und ein Schwenken ihres Erfolges vor den Augen der anderen.

Schulisch leistungsstarke Kinder werden durch die Noten zusätzlich angespornt, schwache Schüler demotiviert – ein heikles Dilemma.

Anders bei Manuel. Als er merkt, dass die Mathematikarbeit zurückgegeben wird, und das Ritual „zuerst die guten Arbeiten, am Ende die schlechten“ sich endlos hinzieht, beginnt Manuel unruhig auf seinem Stuhl herumzurutschen und verstummt immer mehr. Als er an die Reihe kommt – die Lehrerin hält nur noch zwei Blätter in der Hand – deckt er schnell mit der Hand die Vorderseite ab, lächelt gequält in die Runde und meint, so kräftig es geht: „Ah, prima!“ Er weiß, dass niemand ihm glaubt, und so lässt er das Blatt in Windeseile verschwinden. Auf seiner Arbeit leuchtet unübersehbar eine Fünf.

Regine und Mirko erleben Noten als Bestätigung ihrer Fähigkeiten und ihres Einsatzes. In Erwartung weiterer Erfolge wachsen sowohl ihre Anstrengungsbereitschaft wie ihre Aufmerksamkeit. Die Kinder erfahren immer wieder, dass sie durch ihren Einsatz auch ein gutes Ergebnis erreichen. Die Psychologie spricht von einem Wachsen ihrer Kontrollmächtigkeit, eine Erfahrung, die sie später auf andere Lebenssituationen übertragen können. Im Laufe der Schuljahre entwickeln sowohl Regine wie Mirko eine so genannte positive Lernstruktur. Kein Wunder, dass Lehrer in Gesprächskreisen zum Thema „Beurteilung in der Schule" immer wieder sagen: „Aber die Kinder wollen doch Noten!" Untersucht man die Situation genauer, dann sind es nur die Kinder im oberen Leistungsdrittel der Klasse, die sich die Noten wünschen.

Genau das Gegenteil ist der Fall bei Manuel: Die Rückmeldung „Du hast das schlecht gemacht!" ist wie eine Bestrafung, verbunden mit der Verringerung seiner Hoffnung auf Erfolg, aber auch mit einer negativen Auswirkung auf seine Konzentration und seine Bereitschaft, sich anzustrengen. Besonders gefährlich ist ein solch vernichtendes Urteil am Anfang der Schulkarriere, wenn das Kind sich noch angestrengt hat. Ausführlich wird das Elend dieser Kinder auf Seite 74ff. „Wie Kinder ihren Selbstwert schützen" beschrieben.

Noten – entscheidend auch für die soziale Akzeptanz

Noten aber sind nicht nur eine Ziffer auf einem Blatt, sie haben für Kinder eine weit reichende Bedeutung sowohl in der Klassengemeinschaft wie in der Familie, und natürlich sind sie „Eintrittskarten" für Schullaufbahn und Lebenswege. Vor allem in der Grundschule ist die Leistung ein wesentliches Kriterium für die Anerkennung durch die Mitschüler. Ob ein Kind einen Platz weit oben oder weit unten in der Beliebtheitshierarchie der Klasse einnimmt, ob es umringt ist von einem Freundeskreis oder im Pausenhof allein sein Brot isst, wird zu einem beträchtlichen Anteil von den Noten bestimmt.

Aber auch der Status des Kindes in der Familie hängt von den Noten ab. Manuel weiß um die Enttäuschung seiner Eltern, und er will ihnen doch Freude bereiten und nicht um ihre Liebe bangen.

Was können Noten leisten?

Noten sind keineswegs so objektiv, wie sie scheinen mögen.

Im Bewusstsein der Bedeutung der Noten für das Lebensprojekt des Kindes versuchen Wissenschaftler, ebenso wie die Verantwortlichen in der Schule, die Leistungsbewertung zu objektivieren, das heißt vergleichbare und nachprüfbare Kriterien aufzustellen. Altbekannt ist der Streit um die Aufsatzbewertungen, die vom subjektiven Urteil des Lehrers abhängig sein können. Aber selbst ein nüchternes Fach wie die Mathematik, in der die Bedingungen für alle Kinder der Klasse gleich zu sein scheinen, zeigt schließlich, dass ein Schüler in dem einen Klassenverband eine Zwei, in einem anderen eine Drei erhält. Denn Noten bringen die Kinder einer Klasse gemäß ihrer Leistung in eine Rangreihe. Es wird die Frage beantwortet: Wer ist der Erste, der Zweite usw.

Und wo es viele leistungsstarke Kinder gibt, da rutscht die Bewertung nach unten. Und natürlich spielt auch die Qualität des Unterrichts eine Rolle.

Einem prüfenden Blick hält die Objektivität der Noten also nicht stand. Für Kinder mit Lernproblemen kann das Notenritual vernichtend sein.

Noten können auf ein Kind vernichtend wirken.

Deshalb sollte in der Schule so lange wie möglich auf die Ziffernbewertung verzichtet werden und ergänzende Alternativen zu den Klassenarbeiten ihren festen Platz bekommen. So kann das Kind seine Persönlichkeit unabhängig von seiner Leistungsbewertung entwickeln. Denkbar wären individuelle Lernberichte auch für die Regelschule ebenso wie Projektprotokolle und das Werten von Gruppenergebnissen.

Was Kinder brauchen

Kinder im Grundschulalter brauchen Erwachsene, die um die Fragwürdigkeit der Noten wissen und ihren individuellen Lernfortschritt im Auge behalten.

Kinder wollen:

- eine differenzierte Rückmeldung auf allen Gebieten ihrer Persönlichkeitsentwicklung, nicht nur durch Noten.
- eine Einschätzung ihres individuellen Lernfortschritts, um die Fähigkeit zu entwickeln, sich selbst freundlich zu akzeptieren.
- Eltern und Lehrer, die sich über gute Leistungen freuen und sie bei schlechten trösten, damit sie sich nicht in ihrer ganzen Person verurteilt fühlen.
- wenn die Noten anhaltend niedrig sind, wenigstens in den Freizeitaktivitäten die für ihre Entwicklung so dringend notwendige Anerkennung finden und genießen.

Der Abschied von der Grundschule – welche weiterführende Schule ist geeignet?

Die Weichen für die weitere Schullaufbahn – und damit oftmals für die spätere Berufswahl – werden schon frühzeitig gestellt. Umsicht ist geboten.

„Bitte helfen Sie uns! Der Junge schreibt in letzter Zeit nur Dreier und Vierer! Dabei sind die Noten jetzt in der vierten Klasse so wichtig. Wenn er den Übertritt nicht schafft, dann hat er doch keinerlei Chancen mehr. Es geht mir ja nicht ums Image, aber Rolf soll doch glücklich werden. Ich will doch nur das Beste für mein Kind!“

Ja, alle Eltern wollen natürlich das Beste für ihr Kind. Doch herauszufinden, was tatsächlich das Beste für Rolf sein könnte, ist gar nicht so leicht. In vielen Bundesländern müssen die Weichen nach der vierten Klasse der Grundschule gestellt werden. Da lockt zunächst das „Gymi“, auf das Rolf wie alle Kinder gehen will, wissen doch alle, dass ihre Eltern sich das wünschen und die „Gymi-Kinder“ das höchste Ansehen genießen. Trotz der vielbeschworenen Durchlässigkeit der Schularten ist Rolfs Eltern doch auch klar, dass ein Wechsel auf eine Schule mit niedrigerem Anforderungsprofil weit häufiger vorkommt als umgekehrt.

Betrachten wir zunächst die Anforderungen des Gymnasiums, um dann davon die Erfordernisse der anderen Schularten abzuleiten.

Für welche Kinder ist das Gymnasium der beste Weg?

Jede Schulart hat ein eigenes Anforderungsprofil. Der Eigenschaftenkatalog des Gymnasiasten kommt dem Bild des Idealschülers recht nahe. Sicher erfüllen nur wenige aus jeder Klasse alle diese Kriterien. Doch zu weit darf ein Kind auch nicht davon entfernt sein, um auf dieser Schulart bestehen zu können.

Wie lernt das zukünftige Gymnasialkind in der Grundschule?

Geschwindigkeit und Abstraktionsfähigkeit

Einer der Hauptunterschiede der Schularten sind das Tempo, in dem der Lernstoff übermittelt wird, und der Abstraktionsgrad bzw. die Hilfsmittel der Veranschaulichung, welche der Lehrer einsetzt:

Während in der Hauptschule längere Zeit an einem Englisch- oder Mathematikthema geübt wird und Modelle und Zeichnungen das Verstehen und Einprägen unterstützen – zum Beispiel werden beim Bruchrechnen viele Stunden mit Torten, Äpfeln und Schokolade zugebracht –, geht der Lehrer an der Realschule und stärker noch am Gymnasium schneller voran und bereitet den Lerninhalt weniger anschaulich auf.

Braucht Rolf mehr Wiederholung und häufigere Veranschaulichung durch Bilder oder Gegenstände, muss er dies in häuslichen Fleißarbeitsstunden nachholen. Achtung! Die Gefahr, schon bald in Rückstand zu geraten, durch Misserfolg entmutigt zu werden, und dabei nur noch ein Minimum an Freizeit mit Gleichaltrigen übrig zu haben, ist groß.

Auf einen Nenner gebracht, verlangt das Gymnasium:
- *ein schnelles Auffassungsvermögen*
- *Lernen mit wenig Anschauung*
- *ein gutes und dauerhaftes Gedächtnis*

Was können Eltern bei ihrem Grundschulkind beobachten?
- Kann das Kind die neue Rechenart nach der ersten Unterrichtsstunde? Oder braucht es mehrere Übungsstunden? Ist gar noch die persönliche Betreuung und Erklärung der Eltern zu Hause vonnöten?
- Kann das Kind Zusammenhänge geistig durchdenken, oder braucht es Zeichnungen oder Symbole?
- Bleibt das Gelernte, also das Gedicht, die Umrechnung von Meter in Kilometer, der Aufbau des elektrischen Stromkreises, dauerhaft im Gedächtnis, oder hat das Kind das Wissen nach Abschluss des Kapitels nur noch undeutlich „als Nebel“ im Kopf gespeichert?

Konzentration und Anstrengungsbereitschaft

Anstrengungsbereitschaft und Ausdauer sind unabdingbar, um sich Fremdsprachen und den detaillierten Sachstoff einzuprägen. Diese Arbeitshaltung ändert sich durch einen Schulwechsel nicht wesentlich. Manchmal steigt diese nur als kurzes Strohfeuer im Rahmen der Übertrittsphase, und das Kind fällt dann wieder in sein altes Lernmuster zurück. Deshalb sollten die Eltern sein Verhalten auch in diesem Bereich realistisch betrachten.

Was können Eltern bei ihrem Grundschulkind beobachten?

- Träumt das Kind bei den Hausaufgaben vor sich hin und sitzt „endlos“ dran? Braucht es gar die Eltern ständig als „Antreiber“ neben sich, oder arbeitet es weitgehend allein? Spricht der Lehrer in der Sprechstunde von „leichter Ablenkbarkeit“?
- Müssen die Eltern ständig mit dem Lehrer korrespondieren, damit die Aufgaben nicht unterschlagen werden?
- Ist das Kind bereit, auf eine Klassenarbeit hin einen besonderen Einsatz zu leisten und dafür auf eine Stunde Freizeit zu verzichten?

Der Umgang mit Misserfolg

Am Anfang des neuen Schuljahres auf dem Gymnasium oder der Realschule mit den vielen neuen Gepflogenheiten und der ungewohnten Selbstständigkeit sind Misserfolge meist unvermeidlich.

Außerdem ist die Vergleichsgruppe in ihrer geistigen Ausstattung nicht mehr so weit gestreut wie in der Grundschule. Fast alle Kinder sind jetzt schnelle Lerner, und wer vorher im Mittelfeld gut mithalten konnte, rutscht rasch ans Ende der Klassengruppe.

Dann ist es wichtig, dass das Kind gewohnt ist, die Flinte nicht gleich ins Korn zu werfen, und dass es sich nicht in seinem Selbstwert bedroht fühlt. Es muss vielmehr mit Hilfe der in seinem bisherigen Leben gelernten Frustrationstoleranz selbstsicher weiterlernen mit der Gewissheit: „Wenn ich mich anstrenge, komme ich zu einem zufrieden stellenden Ergebnis!“

Was können Eltern bei ihrem Grundschulkind beobachten?

- Wie hat das Kind bisher reagiert, wenn es mit einer schlechten Note nach Hause kam: „Mathe kann ich eh nicht!“ oder „Jetzt erst recht!“?
- Wie sieht das Kind seine Stellung in der Klasse: „Klar, gehöre ich zu den Guten!“ oder „Ich bin halt doof!“?

Der Umgang mit Prüfungsangst

Es ist völlig in Ordnung, wenn ein Kind vor einer Klassenarbeit ein wenig nervös ist, das steigert die Aufmerksamkeit auf das Wesentliche und erhöht so die Leistungsfähigkeit. Die Stressforscher nennen diese Erregung „Eustress“. Ein zu hohes Erregungsniveau aber, das in Bauchweh und Versagensangst mündet, führt zum berühmten „Blackout“ und zu so genannten Leistungsblockaden: Das Kind kann das Gelernte nicht mehr aus dem Gedächtnis abrufen, weil es von seinen angstvollen Gefühlen überschwemmt wird.

Welche Reaktionen erleben Sie bei Ihrem Kind im Vorfeld der Klassenarbeiten? Die Bedeutung einzelner Arbeiten wird auf dem Gymnasium oder der Realschule noch größer. In manchen Fächern entscheidet sogar eine einzige schriftliche Arbeit und dazu noch ein mündliches Abfragen über die Zeugnisnote.

Was Eltern bei ihrem Grundschulkind beobachten können:

- Zeigt das Kind jetzt schon Angst vor Tests? Dann müssen die Eltern nach dem Übertritt mit einer Steigerung rechnen.
- Klagt das Kind schon in der Grundschule manchmal über Kopfschmerzen oder Bauchweh nach einem anstrengenden Schultag oder vor einem Test? Dann ist die Gefahr einer Überforderung auf dem Gymnasium groß.

Auf Seite 88ff. „Prüfungsängste bewältigen lernen“ werden Hilfen für die Linderung von Prüfungsängsten vorgestellt.

Für prüfungsängstliche Kinder gilt noch mehr als für alle anderen: Eine Schulart, in der das Kind Erfolgserlebnisse hat, hilft ihm, Ängste abzubauen und ein gutes Selbstwertgefühl zu gewinnen. Überforderung bewirkt das Gegenteil.

Nachhilfeinstitute bieten oft Crash-Kurse zur Vorbereitung auf die Aufnahmeprüfung an. Es geht aber nicht nur darum, die Hürde der Aufnahme zu überwinden, sondern es geht vor allem darum, auch auf der neuen Schule zu bleiben. Die Zahlen sprechen hier eine deutliche Sprache: Nur etwa die Hälfte der in der fünften Klasse im Gymnasium angetretenen Schüler erreicht das ersehnte Ziel, nämlich das Abitur. Der größere Teil der Kinder, die in den ersten vier Jahren diese Schulart wieder verlässt, muss mit einem Misserfolgserlebnis fertig werden und die Botschaft verarbeiten: „Du hast es nicht geschafft!"

Dem Verlassen der einst so ersehnten Schule geht oft ein Martyrium für Eltern und Kind voraus. Die lebensförderliche Erfahrung „Was ich anpacke, gelingt mir!" ist dann erst einmal für Jahre zunichte gemacht.

Der Zug ist abgefahren oder doch nicht? Plädoyer für einen vorsichtigen „Schul-Weg"

Am wichtigsten ist es, die Schulart zu wählen, in der das Kind nicht überfordert ist, sondern Erfolgserlebnisse hat. Wege „nach oben" gibt es dann immer wieder.

Wie Rolfs Eltern so ergeht es vielen: Sie sehen oft nur den gradlinigen Weg nach oben und denken nicht daran, dass ein Berg für manches Kind leichter zu erklimmen ist, wenn es ihn in Serpentinen gehen kann, mit Pausen zum Luftholen und Krafttanken. Rolfs Eltern geraten in Panik, weil sie ihre Träume begraben müssen und ihr Kind am Ende der gesellschaftlichen Rang- und Einkommensordnung sozusagen „unter der Brücke" landen sehen. Doch solche Katastrophenfantasien sind wenig nützlich.

Welche Möglichkeiten es nach der Grundschule für ein Kind gibt, das anders lernt als das Idealkind, variiert von Bundesland zu Bundesland. Und es gibt auch Kinder, die sich langsamer entwickeln. Manche Jugendliche brauchen auch erst einmal die Bewährung in der Praxis, um Lernen wieder als sinnvoll zu erleben und einen neuen Start zu wagen. Besser für die Persönlichkeitsentwicklung eines Kindes ist aber immer, von unten nach oben fortzuschreiten als umgekehrt. Kinder sind jedoch darauf angewiesen, die Wertschätzung und die Liebe ihrer Eltern nicht zu verlieren, wenn sie deren Träume heute noch nicht erfüllen.

Eltern sind oft dankbar für Informationen zur Schullaufbahn und die Gewissheit, dass der letzte Zug auch dann noch nicht abgefahren ist, wenn die Übertrittsbedingungen in der vierten Klasse nicht erreicht wurden. Sie können dann in Ruhe auf die Ressourcen ihres Kindes vertrauen, seine Entwicklung begleiten und einen Weg finden, der dessen Fähigkeiten und Neigungen entgegenkommt.

Anderen Eltern geht es gar nicht so sehr um die tatsächlichen beruflichen Chancen, sondern vielmehr um das Ansehen der jeweiligen Schulart und das soziale Umfeld, in das ihr Kind gerät. Sie fürchten, dass ihr Kind auf der Hauptschule völlig ins Abseits geraten würde.

Vorurteile bringen nicht weiter. Überzeugen Sie sich vor Ort, wie die tatsächlichen Bedingungen an den Schulen neben Gymnasium und Realschule sind.

Doch viele Hauptschulen sind besser als ihr Ruf, und darum sollten Eltern sich vor Ort umfassend informieren und auch die Möglichkeit „Hauptschule“ für ihr Kind nicht von vornherein ablehnen.

Was aber ist aus Rolf geworden?

Rolf ist heute ein gesuchter Verkäufer in einem Sportgeschäft. Seine in Jahren trainierten sportlichen Interessen und Leistungen kommen ihm dabei zugute. Inzwischen hegt Rolf aber auch neue Pläne. Finanziell unterstützt von seinem Vater, ist er auf der Suche nach Räumlichkeiten, um seinen eigenen Laden zu eröffnen. Zum nächsten Klassentreffen wird er vermutlich aus einem Auto klettern, das nicht zu den Kleinwagen zählt.

Was Kinder brauchen

Kinder brauchen am Ende ihrer Grundschulzeit Bezugspersonen, die ihre Fähigkeiten erkennen, würdigen und ihnen die richtigen Schulwege zu deren Entwicklung aufzeigen.

Kinder wollen:

- auf ihrem Weg durch die Schule nicht die Bedürfnisse ihrer Bezugspersonen befriedigen, sondern ihre eigenen.
- in ihren Kompetenzen wertgeschätzt werden, auch wenn diese nur neben dem Sozial-Status-Ideal zu finden sind.
- durch die Wahl der Schule Hoffnung und Zuversicht für ihr eigenes Lebensprojekt gewinnen.

Vom Umgang mit Stress und Misserfolg

Leider beschert die Schule nicht nur Erfolgserlebnisse. Bei manchen Kindern, die mit speziellen Problemen zu kämpfen haben, leidet das Selbstwertgefühl oft ganz erheblich. Diese Nöte von Kindern müssen unbedingt erkannt und gelindert werden.

Legasthenie – die Lese-Rechtschreibschwäche

Wenn ein Kind Probleme beim Lesen, Schreiben und Rechnen hat, heißt es meist: „Du musst mehr üben!" Doch das hilft nicht immer.

Die Volkshochschule hat zu einem Gesprächskreis für Eltern von Kindern mit Lese- Rechtschreibschwäche eingeladen. Elf Mütter sind gekommen und ein Vater. In der Vorstellungsrunde schildern sie ihre Kinder und das Leid mit dem „leidigen" Rechtschreiben und Lesen, das bei allen Teilnehmern seine Schatten auf die ganze Familie wirft. Eindringlich und mit bewegenden Worten geben die Eltern ihrer Verzweiflung Ausdruck, die bei den meisten bereits in der ersten Klasse begann.

Jasmin oder von der Sinnlosigkeit des Übens
Bei Jasmin hat es schon mit dem Zusammenlesen lange gedauert. Dann, als die ersten Sätze zum Auswendigschreiben kamen, ließ sie dauernd Buchstaben aus. Die zweite Klasse ging mit viel Üben und verzweifelten Kämpfen zwischen Mutter und Kind am Nachmittag dahin. Seit es in der dritten Klasse Noten gibt, bringt Jasmin in Deutsch nur noch Fünfen oder Sechsen nach Hause. Unter ihrer Arbeit steht dann: „Schade, du musst mehr üben!"

Einmal die mächtige Mama oder Lehrerin sein!
Daniela war wegen ihrer Deutsch-Probleme bereits beim Schulpsychologen. Der hatte eine Therapie beim Legasthenie-Therapeuten vermittelt. Seit einem Jahr geht Jasmin dorthin. Sie erzählt von Lese- und Rechtschreibübungen, aber vor allem von Gesprächen über die Schule, vom Handpuppenspiel, bei dem der Therapeut und sie manchmal Familie und manchmal Schule spielen. Jasmin spielt dann immer die Mama oder die Lehrerin, die alles ganz gut können und den Kindern viel beibringen.

Nicht in allen Fällen brachte eine Legasthenie-Therapie einen Erfolg, der an der Note abzulesen war. Aber selbst wenn die

Leistungen des Kindes immer noch mit „ungenügend“ bewertet wurden, die Fehlerzahlen hatten sich verringert, und die Eltern sprachen von den deutlichen Auswirkungen auf das Selbstwertgefühl ihrer Kinder: „Auch wenn Peter ganz bedrückt von der Schule heimkam, nach der Therapiestunde strahlte er wieder. Die Therapeutin baute ihn einfach auf!“

Alle Eltern in der Runde wollen das Phänomen des Nicht-Lesen- und Nicht-Schreiben-Können besser verstehen.

Wann gilt ein Kind als „Legastheniker“?

Legasthenie ist ein verzögertes Erlernen des Lesens und Rechtschreibens bei ansonsten befriedigenden schulischen Leistungen und „normaler“ oder gar überdurchschnittlicher Intelligenz. Bedeutsam ist der Unterschied zwischen der Lese-Rechtschreibleistung und dem übrigen Leistungsniveau. Die Kinder- und Jugendpsychiatrie spricht von einer Teilleistungsschwäche, und in der Fachliteratur wird Legasthenie als „isolierter Funktionsausfall im schriftsprachlichen Bereich“ bezeichnet. Eignet sich ein Kind dagegen den Stoff in allen Fächern langsam an, dann spricht man von einer allgemeinen Lernschwäche oder auch einer Lernstörung.

Legastheniker erbringen außer in Deutsch normale oder gar überdurchschnittliche Leistungen.

Im Rahmen der Schule hat die Legasthenie eine wechselhafte Geschichte. Während in den 60er- und 70er-Jahren „geprüfte“ Legastheniker in den Vorzug verschiedener Vergünstigungen kamen, schlug das Pendel dann nach der anderen Richtung aus, und der Begriff Legasthenie wurde mancherorts fallen gelassen. Schuld daran hat sicher die Ernüchterung durch die verwirrende Legasthenie-Diskussion, die keine eindeutigen Erklärungen lieferte, also auch keine klaren Therapiekonzepte zur Verfügung stellen konnte. Derzeit mehren sich die Stimmen aus Wissenschaftler- und Elternkreisen, die über Medien und Landtagspetitionen wieder eine stärkere

Berücksichtigung der Legasthenie in der Schule fordern. Ein Erfolg dieser Initiativen wurde in Bayern erzielt. Hier erhalten seit November 1999 Kinder mit einer fachärztlich und schulpsychologisch nachgewiesenen Legasthenie einen Nachteilsausgleich bis hin zum Abitur. Zeitzuschläge bei Probearbeiten und die Befreiung von Diktaten sollen diesen Kindern helfen, ihrer Begabung gemäß gefördert zu werden und der Entmutigung durch ständige unumgängliche Misserfolgserlebnisse zu entgehen.

Welche Fehler macht ein Legastheniker?

Jan wird in der vierten Klasse wegen seiner Probleme im Rechtschreiben in der Beratungsstelle angemeldet. Die Lehrerin meint: „Jan ist nur ein schlechter Rechtschreiber. Er macht keine typischen Legastheniker-Fehler!“ Auf die Frage, wie solche Fehler denn nach Meinung von Jans Lehrerin aussehen, schildert sie die Auslassung von Buchstaben, die sowohl optische wie akustische Verwechslung ähnlicher Buchstaben. „Also er verwechselt weder p noch q, schreibt nicht w für m, und die harten und weichen Laute kann er alle unterscheiden!“, und sie fügt hinzu: „Ich glaube, Jan ist einfach ein bisschen faul!“

Rechtschreibregeln bleiben für Legastheniker ein Buch mit sieben Siegeln.

Die Kenntnisse von Jans Lehrerin stammen noch aus der ersten Legasthenie-Welle, als den Pionieren der Forschung vor allem die beschriebenen Fehler in die Augen stachen. Natürlich gelten alle diese Fehler auch heute, zu Legasthenikern werden aber auch Kinder gezählt, die die Rechtschreibregeln nicht anwenden können: Ob ein Wort groß- oder kleingeschrieben wird, ob ein Mitlaut verdoppelt werden muss, wie bei „Sommer“, oder man die Schreibweise über eine Ableitung findet, wie bei „der Zug fährt“ von fahren – dem Legastheniker ist das alles ein Buch mit sieben Siegeln, und glücklich schwenkt er die Mathematikprobe mit der Zwei.

„Das ist doch baby!“ ist sein Kommentar. Kein Wunder, dass Eltern und Lehrer verwirrt sind und ihre Rückmeldungen und Kommentare einem Kind wie Jan einen Zerrspiegel vorhalten. Wie aber sieht dieser Spiegel aus?

Du musst nur wollen, dann geht es ...!

Ein „gutes Kind“ will lernen, ein „böses Kind“ dagegen strengt sich einfach nicht genug an. Das ist die Botschaft, die Legastheniker mal offen, mal verdeckt hören. Täglich prasseln Appelle, Ratschläge, Erklärungen auf das Kind herein, die alle in der Botschaft enden: „Du willst nur nicht.“ Eltern und Lehrer fühlen sich bestätigt, wenn bei einem sehr hohen Kraftaufwand tatsächlich weniger Fehler in einer Abschrift sind oder die Buchstaben wirklich formgetreuer gelingen. Haben die Erwachsenen Recht?

Es wollte schon, wenn es könnte ...

Außer neurologisch bedingten Konzentrationsproblemen, die das Kind schon mit auf die Welt bringt, und die oft mitverursachend für die Lese-Rechtschreibschwäche sein können, ist bei einem solchen Kind oft ein ganzes Bündel von Problemen zu finden, die sich gegenseitig verstärken: feinmotorische Beeinträchtigungen, zu erkennen an der fahrigen, ungelenken Schrift; motorische Unruhe (Hyperaktivität); und Impulsivität, wenn das Motto vorherrscht: „Schnell handeln, dann denken!“

Die Erwachsenen übersehen die Tatsache, dass es sich um Schwierigkeiten handelt, die sich in einem Teufelskreis gegenseitig verstärken und nicht dem so viel beschworenen Willen des Kindes unterliegen.

Woher kommt Legasthenie?

Viele Untersuchungen deuten darauf hin, dass die Legasthenie eine starke erbliche Komponente aufweist.

„Ich glaube, ich hab' alles falsch gemacht!" – mit diesen verzweifelten Worten suchen vor allem Mütter die Schuld bei sich. Die Ursachenforschung zur Legasthenie hat eine bewegte Geschichte hinter sich. Keine andere Lernstörung ist so umfassend wissenschaftlich durchleuchtet. Und doch gibt es nach wie vor keine eindeutige Antwort. Wie alles Lernen ist auch das Lesen- und Schreibenlernen ein Vorgang, bei dem die angeborenen Anlagen und die Lernvorgänge durch die Anregungen der Umwelt in der Vorschul- und Schulzeit in enger Wechselwirkung miteinander stehen. Neuere Veröffentlichungen weisen verstärkt auf einen erheblichen Erbfaktor hin. In vielen Familien lassen sich die Lese-Rechtschreibprobleme über Generationen hinweg beobachten. Damit wird auch eine andere Frage beantwortet, die Eltern und Lehrer in der Beratung häufig stellen: Wie lange dauert die Behebung der Legasthenie?

Legastheniker bleibt man letztlich ein Leben lang, aber es lassen sich erhebliche Verbesserungen erreichen.

Man fragt heute weniger „Woher kommt die Legasthenie?" als vielmehr „Wo liegen die Probleme?". Denn nur auf diese Weise können wichtige Informationen gewonnen werden, wie das Kind gefördert werden kann. Vor allem die Art der Fehler gibt Hinweise auf die Hintergründe und damit auch auf die erforderlichen Hilfen.

Wie können Schule und Eltern dem Legastheniker helfen?

In erster Linie muss sich das Kind verstanden fühlen. Statt Schuldzuweisungen wie „Du hast zu wenig geübt!" muss der Blick auf den Lernfortschritt des Kindes fallen: „Prima, du hast heute drei Fehler weniger als in deinem letzten Diktat!" Aber auch beim Schreiben von Diktaten kann der Lehrer differenzieren: Muss das Kind nur die fehlenden Worte in

Lückentexten ergänzen oder nur einen Teil des Textes mitschreiben, erhöht dies die Wahrscheinlichkeit des Erfolgs. Allerdings muss der Sinn solcher Hilfen zwischen Eltern, Kind und Lehrer abgesprochen werden. Denn manche Kinder erleben eine „Sonderbehandlung“ als noch stärkere Abwertung ihrer Fähigkeiten als eine schlechte Note.

Eltern und Lehrer sollten gemeinsam einen Weg finden, wie man dem Kind am besten gerecht werden kann.

In manchen Bundesländern besteht die Möglichkeit beziehungsweise Verpflichtung, die Rechtschreibung in der Deutschnote des Zeugnisses zurückhaltend zu gewichten. Später ist es mit der Englischnote ähnlich: Mündlich und schriftlich zählen gleich viel.

Kinder lieben Geschichten mit Personen, mit denen sie sich identifizieren können. Eltern und Lehrer können von Kindern erzählen, die trotz besagter Schwierigkeiten Heldentaten vollbringen. Der achtjährigen Annabelle, die nicht verstand, wie sie beim Lesen die Buchstaben zusammenschleifen sollte, erzählte die Therapeutin vom Mädchen Aurelia, dessen Dorf in den Bergen von einem Drachen bedroht wurde. Es war Aurelia, die in der Höhle eines Zauberers das Bannwort entzifferte und schließlich das Dorf rettete. Natürlich wendete sie beim Lesen genau die Strategie an, die Annabelle vorher eingeübt hatte: Aurelia sang laut, wobei die Buchstaben sich wie von selbst zu Silben fügten.

Über Geschichten Strategien erwerben

Dagegen führt stures Üben nur selten weiter:

„Wir schreiben die Nachschrift jeden Tag zweimal, einmal am Morgen vor der Schule und dann nach den Hausaufgaben am Nachmittag“, klagt eine Mutter, „und das während einer vollen Woche!“ Und sie fügt hinzu: „Jedes Mal hat Sophie andere Fehler! Es ist zum Verzweifeln!“ Dann fährt sie fort, ihr häusliches Elend zu schildern: „Ich muss sie buchstäblich an den Schreibtisch prügeln! Lieb haben wir uns nur noch in den Ferien!“

„Lesen lernt man nur vom Lesen“ und „Schreiben lernt man nur vom Schreiben“ – diese beiden Sätze scheinen für Legastheniker nicht zu gelten. Ihr gering ausgebildetes Wortbildgedächtnis prägt sich die völlig willkürlich scheinende deutsche Rechtschreibung nur kurzfristig ein. Dass kontinuierliches, gezieltes Üben allerdings in kleinen Dosierungen durchaus zu beträchtlichen Verbesserungen der Rechtschreibung und erst recht des Lesens führt, weist der Autor eines langjährig erprobten Förderprogramms, F. X. Müller, nach, der dieses Papier- und Bleistiftprogramm mittlerweile auf CD-Rom anbietet (nähere Angaben finden Sie im Anhang). Dabei wird Einsicht in den Bauplan unserer Sprache ebenso übermittelt wie einige wenige Regeln. Voraussetzung ist allerdings, dass das Kind noch nicht so entmutigt ist, dass es das Üben generell verweigert.

Gezielt üben

Hilfreich ist auch die so genannte Pilotsprache. Wie ein Pilot sein Flugzeug steuert, so steuert leises Mitsprechen des zu schreibenden Wortes die Hand. Gesprochen wird dann so, wie das Wort geschrieben wird: Sport statt Schport, Sup-pe statt Supe, damit das Sprechen die Hand leitet. Die Pilotsprache hilft dem Kind auch, den Schreibvorgang zu verzögern, was ein wichtiges Ziel bei jedem Training ist. Sehr empfehlenswert ist es auch, eine kleine tägliche Leseübung von 10 Minuten nach dem Abendessen einzulegen. Das Kind darf den Wecker oder auch eine Eieruhr selbst stellen und wirklich aufhören, wenn die Glocke ertönt.

Die Pilotsprache

Zusammenfassend kann man sagen: Auch lese-rechtschreibschwache Kinder sollen üben, aber dosiert und durch das Training einiger weniger Rechtschreibregeln. Eine Überstrapazierung ihres Wortbildgedächtnisses allerdings ist eher schädlich als förderlich.

Dyskalkulie – die Rechenschwäche

Diana besucht die zweite. Klasse. Ihre Mutter stellt sie in der schulpsychologischen Beratungsstelle wegen ihrer enormen Rechenprobleme und ihrer Unlust vor, irgendetwas für die Schule zu tun. Im Mathematiktest muss sie eine Aufgabe lösen, bei der eine Bäuerin aus mehreren Nestern Eier einsammelt. Diana löst nach langem Überlegen die Aufgabe richtig: Sie addiert die Eier zu einer Gesamtsumme. Auf die Frage, ob sie erklären könne, weshalb sie die Zahlen zusammengezählt habe, kommt die Antwort: „Weil ich das Teilen so schlecht kann!"

Ebenso wie bei der Legasthenie handelt es sich bei der Rechenschwäche um eine Teilleistungsstörung.

So wie Diana verhalten sich viele Kinder mit einer Rechenschwäche: Diana will nicht unangenehm auffallen und zeigt bei jeder Textaufgabe, was sie kann, nämlich Zahlen zusammenzählen. Auf diese Weise gelangt sie manchmal durch einen Zufallstreffer zur richtigen Lösung. Sie kann jedoch einen Vorgang, hier das Einsammeln von Eiern, nicht in eine mathematische Operation umsetzen. Bei der Dyskalkulie, auch Arithmasthenie genannt, handelt es sich wie bei der Lese-Rechtschreibschwäche um eine Teilleistungsstörung, wenn die Leistungen in den anderen Fächern mindestens durchschnittlich sind bei einem für die Grundschule ausreichenden Intelligenzprofil. Wichtig ist hier vor allem die Entwicklung der logischen Denkfähigkeit, welche dem Kind abstrakte Denkleistungen ermöglicht. Dann nämlich sind auch diese Kinder nach dem Kinder- und Jugendhilfegesetz zu einer Förderung durch Einzeltherapie berechtigt, die wie bei den Legasthenikern meist von Diplompsychologen mit einer Zusatzausbildung geleistet wird.

Die typischen Probleme

Von den Problemen dieser Kinder wurde schon beim Thema Einschulung gesprochen (siehe Seite 43f.). Sie entwickeln keine

Auffällig ist, dass das Kind sehr lange mit den Fingern rechnet, und es ihm nicht gelingt Abstraktionen vorzunehmen.

Mengenvorstellung und haften sehr lange am Abzählen, wenn zwei Zahlen voneinander abgezogen werden sollen. Anfangs machen sie das deutlich sichtbar mit ihrer natürlichen Zählmaschine, den Fingern. Je weniger Kinder in der Klasse jedoch noch die Finger benützen, desto mehr geschieht das Abzählen verdeckt, erst unter dem Tisch, dann in der Vorstellung. Auf diese Weise braucht das Kind „endlos" lang, bis es das Ergebnis auch einfachster Rechnungen gefunden hat. Zu Beginn der zweiten Klasse stellt sich dann das Verwechseln von Zehnern und Einern ein, oder das Kind lernt nicht, eine Zahl zu zerlegen, um einen Zehner zu über- oder zu unterschreiten. Muss es 68 plus 25 rechnen, kommt es zum Beispiel auf 83, weil es den vollen Zehner nicht den Zehnern zuschlägt. Wie beim Lesen und Rechtschreiben ist es auch hier wichtig, die Fehler des Kindes qualitativ, also in ihrer spezifischen Art zu erkennen. Ab der dritten Klasse taucht dann das Sachrechnen als beinahe unlösbares Problem auf, weil die Rechengeschichten nicht als echte Lebensgeschichten aufgefasst werden, die durch Zahlen erfasst und durch Teilschritte gelöst werden können.

Von den Hintergründen der Rechenschwäche

Die Mathematik ist lehrgangsartig aufgebaut: Der nächste Baustein kann nur dann verstanden werden, wenn der vorausgehende „sitzt". Schriftliches Malnehmen oder Teilen gelingt zum Beispiel nur, wenn eine gewisse Einmaleins-Fertigkeit erreicht ist. Bei Wissenslücken ist das Kind rasch vom Erwerb neuer Kenntnisse ausgeschlossen. Es sitzt in den Mathematikstunden dann seine Zeit ab und versucht, möglichst nicht aufzufallen.

Das Kind verharrt im handelnden Tun, im so genannten Konkretismus.

Ursache für die Rechenschwäche sind ebenfalls die unter Legasthenie besprochenen Wahrnehmungsprobleme (siehe Seite 67f.) – hier vor allem die Lage der Objekte im Raum in ihrer Beziehung zum eigenen Körper und untereinander – zum anderen aber auch eine fehlende Abstraktionsfähigkeit. Eltern berichten, dass ihre betroffenen Kinder auch in der Vorschulzeit wenig Interesse an Zahlen und Mengen gezeigt hätten, und sie im Kindergarten vornehmlich mit Rollenspielen beschäftigt gewesen seien. In der Entwicklungspsychologie spricht man in diesem Zusammenhang von einem so genannten Konkretismus: Das Kind kann den Schritt vom handelnden Tun und dem anschaulichen Rechnen, zum Beispiel mit der Rechenkette, hin zum abstrakten Denken, das nur noch im Kopf durchgeführt wird, nicht vollziehen.

Wie können Schule und Eltern das Kind unterstützen?

Der Zahlbegriff kann durch geeignete Anschauungshilfen aufgebaut werden, wobei vor allem das Montessori-Material hilfreich sein kann, mit dem auch alle Grundrechenarten handelnd durchgeführt werden. Bei Textaufgaben ist es von Vorteil, wenn das Kind erst einmal die Rechengeschichte erzählt, um Verständnisfragen zu klären. Dann können stereotyp eingeübte Fragen helfen: Was ist hier gefragt? Was kenne

Durch geeignetes Rechenmaterial können die Mathematikfähigkeiten – in gewissem Umfang – gefördert werden.

ich davon? Welchen ersten Schritt kann ich tun? Diese Fragen werden begleitet von symbolischem Material oder Skizzen. Für das Einmaleins gibt es Rechenspiele, welche die Langeweile erträglich machen. Üben und Wiederholen kann bei dem auf Automatisiervorgänge angewiesenen Rechenstoff durchaus zu brauchbaren Erfolgen führen. Selten aber wird aus einem Dyskalkulie-Kind durch Therapiestunden ein freudiger Rechner mit guten Noten. Ziel der Therapie sind nicht die guten Noten, sondern ist die Entwicklung der Fähigkeit, wieder am Mathematikunterricht teilnehmen zu können.

Was Legastheniker- und Dyskalkulie-Kinder brauchen

Kinder mit Problemen beim Lesen und Rechtschreiben oder in der Mathematik brauchen Erwachsene, die ihre verletzten Gefühle annehmen und sie Strategien lehren, mit ihrem Defizit zu leben.

Kinder wollen:

- Hoffnung und Zuversicht für ihr Lern- und Lebensprojekt „Schule" – trotz oder vielleicht sogar wegen ihres Handicaps.
- Bezugspersonen, die ihnen helfen, den Blick auf ihre Kompetenzen zu richten: „Das Nicht-Mathe-Können ist nur ein kleiner schwarzer Fleck auf dem Foto von dir!"
- sinnvolle Strategien, um ihre Schwierigkeiten zu erleichtern und mit ihnen leben zu lernen.

Wie Kinder ihren Selbstwert schützen

Melanie oder der Versuch, den eigenen Misserfolg zu verstecken

Die neunjährige Melanie wird in der Beratungsstelle angemeldet, weil sie ihre Hausaufgaben nicht aufschreibt, ihr also ständig ir-

gendetwas in der Schule fehlt. In letzter Zeit verschwinden auch Klassenarbeiten und Hefte. Darauf angesprochen, schaut Melanie gelangweilt Löcher in die Luft und zuckt mit den Schultern. Als ihre Mutter beim Frühjahrsputz zwei Klassenarbeiten und ein Heft unter der Matratze findet, greift sie zum Telefonhörer.

Die Therapeutin versucht zunächst, sich zusammen mit den Eltern in Melanies Erleben einzufühlen, und es wird ihr bald deutlich, dass Melanie mit ihren verzweifelten Aktionen für ihren seelischen Organismus etwas völlig Sinnvolles tut. Für Melanie sind die Anforderungen der Schule von Anfang an nur mit Anstrengung zu bewältigen, ganz im Gegensatz zu ihrer großen Schwester, die bereits das Gymnasium besucht. Jetzt in der dritten Klasse gehört sie zu den schlechten Schülern, was an den Noten deutlich ersichtlich ist. Fragt ihre Mutter beim Nachhausekommen freundlich, wie der Schulvormittag gewesen sei, meint Melanie kurz: „Gut!“, und wendet sich ab. Ihre Gefühle von Hilflosigkeit, von Verwirrung und Scham möchte sie nicht spüren. So wirkt sie, wie ihr Vater meint, als sei ihr die Schule „scheißegal“. So viel Zeit wie möglich verbringt sie am Nachmittag im Ponystall, wo sie die schlechten Gedanken an die Schule loswird. Melanie gilt inzwischen als faul und verstockt: „Mit Unterricht hat Melanie nichts am Hut“, meint die Lehrerin. Und da hat sie von außen gesehen nicht Unrecht. Im Unterricht nämlich hört Melanie immer weniger zu und träumt sich stattdessen in wunderschöne Situationen mit den Pferden. Auf diese Weise wachsen ihre Kenntnislücken. Ein Kreislauf von Scham sowie Verzweiflung auf der einen und Vermeidung auf der anderen Seite ist in Gang gesetzt.

Allzu leicht gerät ein Kind in einen Teufelskreis von schlechten Noten, Frustration und schließlich Gleichgültigkeit.

Von der Sinnhaftigkeit des Anstrengungsverzichtes

Schule ist ein Ort, der vielfältigen Stress für Kinder bereithält: Sie müssen in einer bestimmten Zeit Leistung erbringen und

Wenn das Kind überfordert ist, liegt es nahe, dass es nach Vermeidungsstrategien sucht.

genügend Kontakte knüpfen, um einen Platz in der Klassengruppe zu finden. Dazu kommt der Vergleich mit anderen, und dies geschieht öffentlich. Selbst ohne Ziffernnoten wissen die Kinder genau, was die Punktzahlen am Ende der Lernzielkontrolle bedeuten. Können sie den Anforderungen nicht entsprechen, stimmt sozusagen die Passung zwischen den Fähigkeiten des Kindes und dem Schwierigkeitsgrad der Aufgabe nicht, erleidet das Kind eine schwere Bedrohung seiner Identität. Mit ihren so genannten Schulschwierigkeiten oder Verhaltensauffälligkeiten, wegen derer Grundschüler beim schulpsychologischen Dienst vorgestellt werden, versuchen diese Kinder im ersten Anlauf die Balance zwischen ihrer Person und den Aufgaben der Welt wiederherzustellen. Sie bewahren sich vor Depression oder Suizid. Kurzfristig betrachtet, ist ihr unangepasstes Verhalten durchaus sinnvoll, es ist sozusagen das Beste, was dem psychischen Organismus dieser Kinder zur Stabilisierung einfällt. Langfristig allerdings werden einander verstärkende Kreisprozesse in Gang gesetzt, die das Kind immer mehr ins Abseits rutschen lassen. Bei Melanie sieht das so aus: Wenn sie ihre Arbeiten versteckt, können die Eltern ihr nicht helfen, und das Geheimnis zu bewahren, wird immer anstrengender. Wenn sie keine Hausaufgaben macht, fehlt Melanie die Übung, und beim Wegträumen bekommt sie nicht mit, was im Unterricht passiert.

Was die Entwicklungspsychologie dazu sagt

Warum Melanies Verhalten kurzfristig sinnvoll ist, wird deutlicher, wenn man die Entwicklungspsychologie beachtet und noch einmal einen Blick auf die Entwicklung des Selbst von Kindern wirft. Das Selbst ist die zentrale Instanz unserer Persönlichkeit (siehe Seite 17f.). Es steuert die Persönlichkeit und bestimmt, wie wir die Dinge wahrnehmen und bewerten, welche Gefühle in uns ausgelöst werden, und wie wir handeln. Das

Selbst hilft uns, über die Jahre unseres Lebens unsere Identität zu wahren, und das ist für alle Menschen, Kinder wie Erwachsene, ein lebensnotwendiges Ziel. Wir sind geneigt, uns nach dem inneren Bild zu verhalten, das wir von uns selbst haben, sei das nun positiv oder negativ. Das Selbst ist sozusagen die Kommandozentrale, der gedankliche Ort, an dem wir unser inneres Modell von der Welt erschaffen und unser Handeln steuern. Durch welche Brille wir schließlich auf die Welt blicken, kann unsere Entwicklung befördern, aber auch hemmen. Bei Kindern sind alle diese Prozesse sehr im Fluss. Melanie zum Beispiel glaubt inzwischen, dass sie einen Defekt hat, sie fühlt sich hilflos-dumm und tut alles, damit ihr Nicht-Funktionieren unsichtbar bleibt. Andererseits ist dieses „Ich habe einen Defekt" inzwischen Teil ihrer Persönlichkeit geworden. Sie kennt das Versagen gut und erkennt sich in ihm wieder: „Ich muss nur weiter versagen, dann bin ich wenigstens immer die Melanie mit einem Defekt." So lautet das unbewusste Ziel. Diese psychischen Vorgänge machen eine Veränderung von Schulversagen manchmal so schwer, und in vielen Fällen ist es keinesfalls damit getan, nur die Kenntnislücken zu schließen.

Immer wiederkehrende Erfahrungen prägen in intensiver Weise das Selbst und bedingen somit wiederum das weitere Handeln.

Bedürfnisse – Motor der Entwicklung

Ist ein gutes Selbstbild die Voraussetzung dafür, dass Kinder psychisch wachsen, so gelten die Bedürfnisse als Motor der Entwicklung. Auch dieser Blickwinkel lehrt etwas über die Sinnhaftigkeit, in gewissen Situationen in der Schule „faul zu sein". Wir Menschen kennen eine Reihe von Bedürfnissen, die über die rein vegetativen hinausgehen. Es sind Bedürfnisse, ohne deren Erfüllung Menschen krank werden. Da gibt es zunächst die Sehnsucht nach Geborgenheit und Sicherheit, sozusagen das Fundament unserer psychischen Wünsche. Dann die beiden Hauptmotive, das nach Bindung, Zugehörigkeit und körperlich-seelischer Nähe und das nach Autonomie,

Jedes Kind hat das Bedürfnis nach Anerkennung. Doch wenn es in der Schule versagt, fürchtet es, die Liebe und Wertschätzung der Eltern zu verlieren.

nach Selbstbehauptung und einem eigenen Standpunkt in der Welt. Jemandem angehören, geliebt, anerkannt werden, aber auch etwas selbst entdecken und bewirken, diese Wünsche begleiten uns Menschen auf unserem ganzen Lebensweg.

Werfen wir mit diesem Wissen noch einmal einen freundlichen Blick auf Melanie. Melanie hat Angst, durch ihre schlechten Noten vor allem in der Konkurrenz mit der Schwester ihren Platz im Herzen der Eltern zu verlieren. Die Erfüllung ihres drängenden Wunsches nach Zugehörigkeit ist bedroht. Also blockiert sie diese „ekligen" Gefühle und tut so, als sei alles in Ordnung; deshalb versteckt sie schlechte Arbeiten unter der Matratze und tut so, als ob alles gut wäre. Sie macht keine Hausaufgaben mehr, um sich nicht mehr so hilflos zu fühlen. Sie hält sich am liebsten auf dem Ponyhof auf, wo sie Anerkennung findet und in der sicheren Nähe zu den Tieren auch wieder etwas fühlen darf. Und auf ihren Traumreisen besteht sie Abenteuer mit Pferden und hat endlich die Zügel selbst in der Hand.

Verhaltensauffälligkeiten – ein Signal

Durch ihr Verhalten unternehmen Kinder den verzweifelten Versuch, etwas Sinnvolles zur Stabilisierung ihres psychischen Organismus zu tun. So versuchen sie, den blockierten Kontakt zu ihrem Selbstgefühl wiederzufinden.

- Sie zappeln und hampeln zum Beispiel, um in Kontakt mit dem eigenen Körper zu kommen;
- Sie benützen Immunisierungsstrategien, um ihr verletztes Selbst zu schützen: zum Beispiel nicht mehr für das Diktat zu üben, weil trotz Übens die Fehlerzahl hoch bleibt.
- Sie bemühen sich, ihre lebensnotwendigen Bedürfnisse (kurzfristig) zu befriedigen, allerdings auf eine Art, die ihnen (langfristig) schadet: zum Beispiel als Klassenkasper eine Minute „King sein" und Anerkennung bekommen.

> *Verhaltensauffälligkeiten in der Schule – beim Lernen oder beim Miteinanderumgehen – sind Notsignale von Kindern. Sie machen Eltern und Lehrer darauf aufmerksam, dass ihre Selbst-Entwicklung gefährdet ist.*

Verständnis und Einfühlungsvermögen

Um Melanie helfen zu können, müssen alle Bemühungen um die Aufrechterhaltung ihrer seelischen Gesundheit anerkannt und sie in ihrer Not gehört werden. Der erste Schritt ist immer das mutige Öffnen der Tür, damit die Verzweiflung mitgeteilt und geteilt werden kann: „Das muss sehr schwer für dich gewesen sein. Ich stell' mir vor, da hattest du scheußliche Gefühle und hast dich so allein gefühlt." Mutig ist dieses Türöffnen deshalb, weil es an die Sorge und Angst von Eltern und Lehrern rührt. Kinder spüren genau, was sie den Erwachsenen zumuten können und verhalten sich entsprechend. Erst in einem zweiten Schritt kann pragmatisch nach einer Lösung gesucht werden: Reichen Melanies intellektuelle Begabungen für den Besuch der Grundschule aus? Wie groß sind die Kenntnislücken, und wer kann helfen, sie zu schließen? Wie verletzt ist Melanies Psyche?

Durch sensibles Einfühlen muss zunächst der Zugang zum Kind gesucht werden. Erst dann können gezielte Maßnahmen erfolgen.

Was Kinder brauchen

Kinder im Grundschulalter brauchen Erwachsene, die in Krisenzeiten ihre verzweifelten Bemühungen um Selbst-Stabilisierung anerkennen und ihnen helfen, mutig nach einer Lösung zu suchen.

Kinder wollen:

- Erwachsene, die ihnen ihre abwertende Meinung von sich selbst nicht ausreden. Wenn das Kind von sich sagt: „Ich

kann einfach nicht malen!", ist es wenig hilfreich, mit einem Wortschwall dagegen zu halten.
Das Kind wird immer heftiger auf seiner Meinung beharren. Hilfreicher ist es, zwischen der Meinung des Kindes und der eigenen zu trennen: „Du hast da so einen Meckerer im Kopf. Ich finde den Baum auf deinem Bild sehr gelungen."

- nicht nur durch die Brille der Noten angesehen werden. Sie wollen unter Stress ausweichen können auf andere Aktivitäten, bei denen sie sich kompetent und „richtig" fühlen.
- nicht abgeurteilt werden, wenn sie in der Schule versagen. Kinder sind sich selbst die strengsten Richter, bloß darf das niemand merken.
- gewürdigt werden in ihrer Anstrengung, in schwierigen Situationen täglich tapfer in die Schule zu gehen.

Konzentrationsprobleme und ihre Ursachen

Hilferufe von Kindern müssen unbedingt gehört werden. Schnelles Handeln kann Abhilfe schaffen.

„Mein Kind kann sich einfach nicht konzentrieren!" – diese Klage ist der häufigste Beratungsanlass beim schulpsychologischen Dienst.

Offen oder verborgen steht auch der Wunsch nach einer Pille im Raum, welche diesem Übel abhilft. „Sie könnten ja, wenn sie nur wollten", und so sind Jörn und Julia einfach bockige Kinder – mit verheerenden Folgen für ihr Beziehungsgeflecht. Es scheint zunächst darum zu gehen, wie man Jörn oder Julia zum Wollen bringen kann.

Wie Kinder sich mit einer Störung in der konzentrativen Aufmerksamkeit verhalten, wissen alle, die mit Kindern umgehen, zur Genüge. Doch was hat die Psychologie über die Fähigkeit, sich zu konzentrieren, herausgefunden?

Was ist Konzentration?

Wir alle kennen Momente, in denen unsere Aufmerksamkeit völlig von dem aufgesogen ist, was wir tun: Wir sitzen am Computer und hören die Türglocke nicht, wir gleiten mit den Skiern den Hang hinunter, und die Bewegungen scheinen von allein zu fließen. Wir gehen dabei völlig in dieser Tätigkeit auf. Die Konzentration kommt wie von selbst. Wir haben außerdem das wunderbare Gefühl, unsere Aktivität völlig unter Kontrolle zu haben.

Konzentration ist gleichsam die Kunst, eine Brücke zwischen dem Selbst und der Lebenswelt zu bauen.

Konzentration ist die Fähigkeit, sich selbst intensiver zu erleben und gleichzeitig mit der Umwelt zu verschmelzen. Voraussetzung ist ein guter Kontakt zum eigenen Selbst, um von dieser Basis aus den Kontakt zu den Dingen und Aufgaben herzustellen.

Psychologen sprechen bei dieser hohen Form der Aufmerksamkeit auch von einem Flow-Erlebnis. Kinder machen diese Erfahrung des Aufgehens in der Umwelt bereits im Vorschulalter, und zwar im Spiel. Durch ständige Wiederholung verankern sie in ihrem Selbst die Erfahrung, wie es sich anfühlt, intensiv in Kontakt mit sich und mit dem zu sein, was man tut.

In therapeutischen Spielstunden kann man beobachten, wie Kinder, die von der Schule als „zappelig und unkonzentriert“ beschrieben werden, auch nicht spielen können.

Markus ist in der zweiten Klasse. Angemeldet wird er wegen großer Unruhe, nur ein Bruchteil des Unterrichts erreicht ihn. Es ist bekannt, dass Markus' Zimmer zu Hause einer Medienwunderlandschaft gleicht: Markus besitzt einen eigenen Fernseher, einen Gameboy, einen Nintendo, und er verbringt die Nachmittage meist in dieser Medienwelt. In der Beratungsstelle erwartet er erst, dass die Therapeutin ihm etwas anbietet. Als ihm vermittelt wird, dass er hier der Boss ist und über die Spiele bestimmt, wählt er das Puppenhaus. Er richtet das Wohnzimmer ein mit Tisch und Fernseher und setzt die Familie vor den Apparat. Dann meint er: „Jetzt spielen wir!“ Als die Therapeutin fragt, wen sie spielen soll, meint er wieder: „Jetzt spielen wir!“ So geht es eine Weile, ein Spiel kommt nicht in Gang. Viele Stunden kann Markus seinen Wunsch, zu spielen, nicht umsetzen. Markus hat verlernt, aus eigener Initiative heraus aktiv zu werden.

Im Spiel aufgehen zu können ist die Grundlage für die spätere schulische Konzentrationsfähigkeit.

Erst ganz allmählich kommt eine solche verlorene Fähigkeit wieder in Fluss. Nach einem Jahr Therapie hat sich meist auch das Lernverhalten in der Schule gebessert. Kinder, die in ihren Vorschuljahren intensiv gespielt haben und auch in ihrer Grundschulzeit spielen können, haben ein gutes Übungsfeld. Die Spielfähigkeit ist eine Ressource für die Konzentrationsfähigkeit.

Von der Bedeutung der Anstrengung beim Lernen

Nun haben weder Unterricht noch Hausaufgaben den Aufforderungscharakter wie das freie Spiel. Es fehlt ihnen sozusagen das emotionale Schmiermittel. Eltern sprechen dann davon, dass Susanne sich nur konzentrieren kann, wenn sie der Gegenstand auch interessiert: „Im Ballett übt sie wie eine Besessene! Das interessiert sie halt!" Dieses Interesse kann in der Schule bei vielen Unterrichtstätigkeiten nicht vorausgesetzt werden.

Die Zuwendung zu einer Tätigkeit erfordert oft, zum Beispiel in der Schule, eine gewisse Anstrengung. Wo diese auch „beim besten Willen" vom Kind nicht erbracht werden kann, gibt es keinen Kontakt mit den Lernaufgaben.

Das Kind wird dann bestrebt sein, entweder im Unterricht nicht aufzufallen – das Kind „tut so, als ob" es nachdenke, mitmache –, oder es beschäftigt sich im Unterricht anderweitig, zum Beispiel mit Zappeln, Reden oder Stören.

Von der Bedeutung der Situation

Wenn Eltern über die Konzentration ihres Kinder sprechen, dann behandeln sie diese Fähigkeit wie eine Charaktereigenschaft, die immer auftritt. Werden sie über Situationen befragt, in denen das Kind konzentriert einer Tätigkeit nachgeht, dann taucht manchmal ein völlig anderer Junge oder ein anderes Mädchen auf der Bühne auf: Ein Kind, das stundenlang das Dribbeln mit einem Ball übt, das hingebungsvoll Nintendo spielt und alle Energie darauf verwendet, ein höheres Level zu erreichen, oder das sich äußerst kreativ Theaterstücke ausdenkt und diese mit Hilfe der Verkleidungskiste in Szene setzt.

Jedes Kind kann sich konzentrieren – nur nicht in jeder Situation.

> *Die Fähigkeit zu konzentriertem Tun ist immer an eine bestimmte Tätigkeit gebunden. Sie hat etwas zu tun mit der Aufnahme und der Verarbeitung von Informationen und einem Ausblenden von Störungen. Kein gesundes Kind wird geboren ohne die Fähigkeit, aufmerksam einer Sache nachzugehen. Im anderen Fall hätte dieses Kind sich nicht entwickeln können. Die Aufmerksamkeit hängt also immer von einer Situation ab und erhält sich entweder selbst aufrecht, wie bei sehr attraktivem Tun, oder muss durch Anstrengung aufrechterhalten werden.*

Überschreitet die psychische Energie, die für diese Anstrengung benötigt wird, allerdings ein bestimmtes Maß, dann bricht die gesamte Steuerung zusammen. Nur mit äußerster Kraft halten Eltern und Lehrer das Kind noch bei der Stange. So schwanken alle Beteiligten zwischen Wut und Erschöpfung hin und her.

Was bringt ein Kind dazu, sich in der Schule nicht mehr zu konzentrieren?

Je mehr Situationen es gibt, in denen das Kind in seiner Handlung keinen Kontakt mehr zu den Dingen seiner Lebenswelt herstellen kann, je ernster ist das Problem mit der Konzentration. Welches sind die Ursachen in der Schule?

Viele der Hintergründe für Konzentrationsprobleme wurden bei der Besprechung von Hindernissen beim mühsamen Erlernen des Lesens, Schreibens und Rechnens bereits angesprochen (siehe Seite 34ff.).

Psycho-emotionale Einschränkungen

Eine ausgeprägte Konzentrationsschwäche kann auch auf Defizite in der seelischen Entwicklung des Kindes hinweisen. Ob diese Einschränkungen durch traumatische Erlebnisse in der frühen Kindheit (zum Beispiel der Tod der Mutter), durch ungünstige Einflüsse im Familienhaus (zum Beispiel, wenn Vater und Mutter sich in Erziehungsfragen nicht einigen können) oder als Folge einer lang andauernden Erfahrung von Misserfolg in der Schule hervorgerufen werden, ist hier nicht von Belang. In all diesen Fällen hat das Kind die meisten Zugangswege zu seinem Selbst blockiert: Es hat den Kontakt zu seinen Gefühlen verloren. Vor allem sehr tiefe Gefühle wie Traurigkeit oder Enttäuschung kann es nicht zulassen; und es hat eine sehr negative Einschätzung von sich selbst. In der Schule und bei den Hausaufgaben ist das Kind mehr damit beschäftigt, seine Grundbedürfnisse zu befriedigen und sich selbst zu stabilisieren, als den Kontakt mit einem Lerngegenstand aufzunehmen.

Der siebenjährige Peter wird in der Beratungsstelle angemeldet wegen massiver Unruhe und einer sehr geringen Aufmerksamkeitsspanne im Unterricht. Die meiste Zeit sei er damit beschäftigt, als Klassenclown die Aufmerksamkeit der Mitschüler zu erregen, und seine Leistungen werden immer schlechter. Peter kommt mit einer Baseball-Kappe, unter dessen Schirm er gut verborgen bleibt.

Kaum hat er das Zimmer betreten, stürzt er sich auf das Regal mit den Spielsachen. Er ergreift zuerst ein grausig aussehendes Monster, lässt es fallen, nimmt ein Auto, dann einen Tiger, und so geht es weiter.

Wird er von der Therapeutin angesprochen: „Das Monster findest du spannend!“, kann er keinen Kommentar abgeben, er ist schon beim Auto. Bei Satzanfängen wie „Ich bin traurig, wenn ...“ oder „Meine größte Sorge ...“ fällt ihm nichts ein, beim Stichwort Angst meint er, dass er keine Angst kenne. Nur einmal äußert er, dass andere ihn für blöd halten, aber er geht rasch zur nächsten Aufgabe über.

Ansprechpartner für Problemfälle wie Peter mit tief gehenden psychischen Störungsursachen sind Kinder- und Jugendpsychotherapeuten.

Das Aufmerksamkeits-Defizit-Syndrom (ADS)

Natürlich gibt es auch körperlich bedingte Aufmerksamkeitsstörungen. Wir sprechen dann von einem psycho-organisch bedingten Syndrom oder einem Aufmerksamkeits-Defizit-Syndrom (ADS). Oft sind diese Störungen mit stark hyperaktivem und impulsivem Verhalten verbunden. Diese Kinder hampeln herum, bald sitzen sie auf dem Stuhl, bald kippelt dieser gefährlich hin und her. Die Aufgaben in einem Test stehen sie nur durch, wenn sie zwischendurch auf dem Trampolin springen dürfen. Ursachen können Stoffwechselstörungen oder neurologische Probleme sein. Es gibt oft eine Kombination von diesen neurologisch bedingten Defiziten mit psycho-emotionalen, die sich als Folgeerscheinungen entwickelt haben. Auch die Behandlung muss dann an beiden Wurzeln ansetzen, mit einer medikamentösen Therapie und einer Verhaltenstherapie. Ansprechpartner sind hier die Kinder- und Jugendpsychiater.

Wenig entwickelte Wahrnehmungsfunktionen

Zur Wahrnehmung zählen die Koordination der Bewegungen, und die Fähigkeit, Laute zu unterscheiden und optische Details zu erkennen. Diese Fähigkeiten sind unverzichtbar für das Erlernen der Schriftsprache.

Das Kind kann zum Beispiel nicht von der Tafel abschreiben, weil es den Ort nicht findet, wo es anfangen und weiterschreiben muss; es übt Nachschriften und macht doch immer wieder andere Fehler. Wer diffus wahrnimmt, kann sich nicht konzentrieren. Das Kind muss sich unendlich plagen und braucht sehr viel mehr psychische Energie, um den Anforderungen der Schule zu genügen. Im Zeugnis wird oft über ein langsames Arbeitstempo geklagt. Viele dieser Kinder sind sehr intelligent, was die Verzweiflung über ihr Versagen noch vergrößert.

Ansprechpartner sind Heilpädagogen, Ergotherapeuten, Sprachheil- und Legasthenietherapeuten.

Manche Grundschulkinder verfügen auch über eine geringe logische Intelligenz. Es fällt ihnen schwer, das Wesentliche einer Aufgabe zu erkennen, Texte in mathematische Operationen umzusetzen oder Schulstoff in eine Ordnung zu bringen. Selbst wenn ihre Begabung für den Besuch der Regelschule ausreicht, brauchen sie zum Lösen von Aufgaben mehr Zeit als ihre Mitschüler.

Geringes logisches Denkvermögen

Sie sind auf Schemata angewiesen und müssen sich sehr anstrengen, um dem Unterricht folgen zu können. Manchmal sind sie einfach erschöpft und verlassen auf ihre Weise den Unterricht.

Ein Notsignal

Konzentrationsprobleme sind immer ein Notsignal dafür, dass es ein Hindernis gibt, welches es dem Kind verwehrt, sich gesammelt einer Lernaufgabe zuzuwenden. Konzentrationsübungen, wie sie meist in grafischer Form in Heften angeboten werden, sind nur sinnvoll zum Einsammeln der Aufmerksamkeit am Beginn des Unterrichts, niemals aber zur Heilung der „Konzentrationsnot" eines Kindes.

Was Kinder brauchen

Unkonzentrierte Kinder im Grundschulalter brauchen Hilfe beim Ausgraben ihrer verschütteten Fähigkeit, Kontakt zu den Menschen und Dingen ihrer Lebenswelt herzustellen.

Kinder wollen:

- Zeit und Raum zum Spielen auch neben der Schule. Nicht noch mehr üben ist das Mittel der Wahl, sondern Freiräume schaffen für konzentriertes Spiel oder andere für das Kind attraktive Tätigkeiten.

- Eltern, die ihre eigene Angst besiegen und Hilfe bei einem Fachmann suchen, der herausfindet, was den Kontakt zwischen dem Selbst des Kindes und dem Lerngegenstand verhindert.
- Anerkennung, dass sie nicht in der Absicht, ihre Eltern und Lehrer zu ärgern, keine Konzentrationskraft aufbringen.

Prüfungsängste bewältigen lernen

„Vor Probearbeiten hab' ich Bauchweh", klagen nicht selten schon Grundschulkinder.

Wer kennt es nicht aus seiner eigenen Schulzeit, das berühmte „Loch im Kopf", wo man doch die Sachen so gut gelernt hatte, und dann fiel es einem nicht mehr ein, was gefragt wurde. Erinnern Sie sich, wie man schluckte, wie man das Herz klopfen spürte und hoffte, der Boden würde sich auftun und einen gnädig verschlucken? Manchmal ist es gut, kritische Ereignisse aus der eigenen Kindheit wieder auf die innere Bühne zu holen.

Über die Wurzeln der Prüfungsangst

Machen wir uns zuerst einmal klar, welche Voraussetzungen erfüllt sein müssen, damit ein Kind in schulischen Leistungssituationen Erfolg hat. Es sind drei wichtige Pfeiler:

1. Es muss gelernt und sich den Stoff angeeignet haben.
2. Es muss Zuversicht und Selbstvertrauen haben, dass es die Aufgaben lösen kann.
3. Und es braucht eine Portion Glück.

Das Glück kann man nicht kontrollieren, wohl aber das Lernen. Wichtig ist deshalb immer die Frage, ob sich das Kind in ausreichendem Maße den Stoff angeeignet hat. Zufallstreffer in sicherer häuslicher Atmosphäre sind nicht genug. Angst entsteht immer aus einem Mangel an der zweiten Beigabe, der Zuversicht und dem Selbstvertrauen. Die Umstände jedoch, unter denen Angst schließlich wachsen kann, sind sehr unterschiedlich.

Claudia ist in der vierten Klasse. Vor Probearbeiten klagt sie schon am Morgen über Kopfweh, sie will nicht in die Schule gehen. Sie berichtet von „Blitzen im Kopf", die ihr die Probearbeiten zur Qual machen. Die Mutter begleitet sie in die Schule. Schon früher sei sie ängstlich gewesen, berichten die Eltern, aber so richtig schlimm sei es erst im vierten Schuljahr geworden. Die Eltern hoffen sehr, dass Claudia an das Gymnasium wechseln kann. Die Zeugnisse sprechen von einer fleißigen, aber durchschnittlich begabten Schülerin. Claudia ist das einzige Kind ihrer Eltern.

Angst ist häufig ein Problem der ganzen Familie.

In den Familiengesprächen zeigt sich, dass der Vater als Kind unter Höhenangst gelitten hat und deshalb auch in Therapie war. Jetzt hat er sich als Autoverkäufer selbstständig gemacht, was viel Unsicherheit mit sich bringt, und die Mutter hat viel Angst um den Vater. Sie selbst beschreibt sich als sehr schüchtern, sie könne heute noch nicht allein verreisen. Es gelinge ihr gut, sich in Claudia einzufühlen, weil es ihr als Kind genauso gegangen sei.

Die Psychologie hat zum Thema „Angst in der Familie" herausgefunden, dass ängstliche Kinder auch zu Hause oft Angst erleben, so wie Claudia. Manche Eltern drohen den Kindern oder strafen auch, um sich selbst zu entlasten: „Du wirst schon sehen, wo das hinführt, wenn du das nicht kapierst!" Oder: „Wenn du das nicht schaffst, darfst du dich nicht mehr mit Katharina treffen!" Andere projizieren ihre Angst in die Kinder: „Nicht ich habe Angst, sondern mein Kind hat Angst!" So können sie besser mit der eigenen Angst fertig werden.

Claudias Eltern drohen und strafen zwar nicht, aber sie geben viel von der eigenen Angst an Claudia weiter und machen unausgesprochen Druck mit dem Gymnasium.

Anders ist die Geschichte von Jürgen, der ebenfalls die vierte Klasse besucht:

Manche Kinder stellen selbst übertrieben hohe Ansprüche an sich.

Jürgen ist ein Schlaukopf-Kind, das sein Leben über den Kopf bewältigt. Was er verstehen kann, gibt ihm Sicherheit. In Mathematik hatte er immer eine Eins im Zeugnis, bis er im Januar einmal in einer Klassenarbeit versagte. Auf dem Blatt prangte dick und rot eine Vier. Jürgen war wie vernichtet. Er kann sich auf seinen Kopf nicht verlassen! Seitdem bekommt er vor jedem Test Bauchweh und muss erbrechen.

Während Claudia wie Melanie Angst hat, ausgestoßen zu werden und ihr dominantes Bedürfnis nach Nähe nicht mehr befriedigen zu können, wenn sie in der Schule versagt, hat Jürgen Angst, seinen eigenen Standards nicht zu genügen. Er befürchtet, die Kontrolle über sein Leben zu verlieren, und fürchtet den Zusammenbruch seiner eigenen Identität. Beide reagieren völlig anders. Claudia beginnt vorrangig zu jammern und erweckt sofort das Mitleid aller Beteiligten, Jürgen dagegen versucht mit allen Mitteln, die traumatische Situation zu vermeiden, und will niemanden wissen lassen, was in ihm vorgeht.

Was zu tun ist

Die Hilfe muss bei Claudia sowohl bei der Familie wie beim Kind ansetzen. Die Eltern müssen ihre ehrgeizig-wohlmeinenden Ziele aufgeben, und Claudia kann in therapeutischen Spielstunden lernen, zu sich selbst zu stehen und sicherer zu werden.

Jürgen dagegen muss erfahren, dass es nur die Fehler sind, durch welche die Menschheit gelernt hat. Dass man also nur durch Fehler klug wird.

Beide aber brauchen Strategien, um mit ihrer Angsterregung und ihren Sorgegedanken in Testsituationen fertig zu werden (siehe Seite 92ff.).

Die Marter des prüfungsängstlichen Kindes bei Testaufgaben

Was aber erleben Kinder mit großer Angst in schulischen Leistungssituationen? Probearbeiten bzw. Tests sind für prüfungsängstliche Kinder eine gefährliche Begebenheit, in der bestimmte Rituale das Geschehen noch verstärken: zum Nachbarn hin Ordner aufstellen, um das Abschreiben zu verhindern, das Austeilen der Aufgabenblätter, der letzte Satz des Lehrers: „Macht's gut!"

Wenn das Selbstvertrauen fehlt, ist der Misserfolg in Testsituationen vorprogrammiert.

Das prüfungsängstliche Kind schätzt die Situation als bedrohlich für seinen Selbstwert ein, weil es die eigenen Kompetenzen als zu gering bewertet – ein Vorgang, der sich blitzschnell im Kopf abspielt. Beim ersten Blick auf die Aufgaben ist klar: „Das kann nichts werden!"

Nun können wir Menschen in gefährlichen Situationen entweder angreifen oder fliehen. Beides ist hier nicht möglich. Das Kind ist dazu verdammt, die bedrohliche Situation auszuhalten.

Man weiß, dass bei misserfolgsängstlichen Kindern wie Claudia dieses Aushalten zur Hölle werden kann. Ihre Aufmerksamkeit ist mit vielem beschäftigt, nur nicht mit dem Lösen der Aufgaben. Zum einen beobachtet Claudia genau sich selbst. Ihre sich steigernde Erregung nimmt sie wie durch ein Fernglas vergrößert wahr: ihre schwitzenden Hände, ihr Bauchgrimmen, ihr Herzklopfen. Außerdem beginnt sich das Karussell der Sorgegedanken wie ein Mühlstein im Kopf zu drehen: „Das kann ich nicht!" Gleichzeitig nimmt Claudia überdeutlich wahr, was die anderen tun: „Die Manuela schreibt schon!" Aufgeregtheit und Besorgtheit – mit diesen Fachausdrücken bezeichnet die Forschung Claudias Verhalten – verhindern beide, dass Claudia mit dem Lösen der Aufgaben beginnt. Gelingt es ihr dennoch anzufangen, dann verengt ihre Aufregung das Feld dergestalt, dass sie nur wenige Aspekte der Aufgabe wahrnimmt und zu einfache Strategien

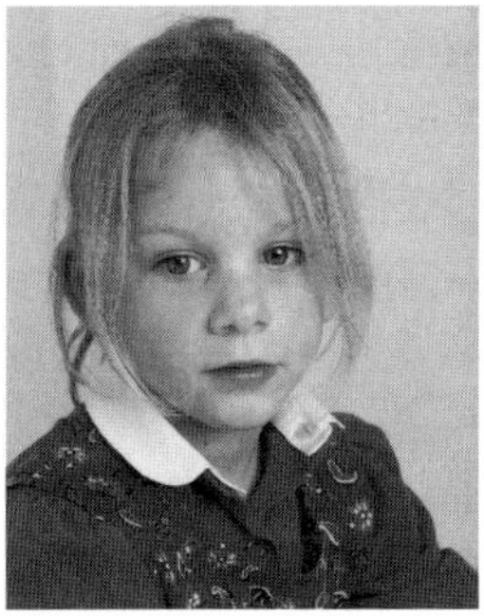

einsetzt, die nicht zur Lösung führen. Claudia ist nicht fähig, sich flexibel Neues auszudenken. Gute Leistungen aber erbringen Menschen bei einer mittleren Höhe der Erregung, die aber ist bei Claudia weit überschritten.

Ein Verhaltenstraining für Testsituationen

Mit Hilfe eines Verhaltenstrainings kann das Kind lernen, in Prüfungssituationen ruhig zu bleiben.

Ein Verhaltenstraining mit Kindern muss an der Erregung selbst ansetzen und diese durch Entspannungsangebote auf ein mittleres Niveau senken und damit auch die Sorgegedanken eindämmen. Am besten ist es, wenn Kinder ein Ritual kennen, das sie selbst dem Angst auslösenden Schulritual entgegensetzen können. Wenn sie während der ersten Phase damit beschäftigt sind, sich selbst Mut zu machen, sinkt auch die Erregung, und die Sorgegedanken verschwinden. Im Folgenden finden Sie Bausteine eines solchen Rituals, das Kinder im Ganzen oder auch nur in Bruchstücken anwenden können. Man muss es allerdings mehrmals üben, wobei sich dieses Selbstinstruktionstraining sowohl für die Eltern zu Hause wie für den Lehrer im Klassenzimmer eignet.

Was vorab wichtig ist

Bevor man das Ritual mit Kindern einübt, müssen einige Dinge besprochen und entworfen werden.

1. Man kann mit den Kindern eine Entspannungsübung machen, wie sie in vielen Büchern angeboten wird, und dann ein Entspannungszeichen entwerfen lassen, das dem guten Gefühl Ausdruck gibt. Manche Kinder malen eine Sonne, andere eine Palme oder ein Boot.
2. In einem Gespräch oder wiederum in einer Fantasiereise können Kinder ihren Verbündeten finden, der ihnen in Notsituationen beisteht. Da tauchen Figuren oder Tiere aus Fil-

men oder Büchern auf, zum Beispiel ein Löwe, eine Figur der Pokémons oder Momo; es können aber auch bekannte Sportler sein oder Fantasiefiguren.

3. Mit dem Kind muss ein passender Mutspruch gefunden werden: Aus einer Anzahl von Sprüchen darf das Kind sich „seinen Spruch" auswählen.

Die Erregung, bisher Signal für Niedergang und Versagen, wird im folgenden Ritual neu interpretiert, und zwar als Anzeichen dafür, dass das Denken in Gang kommt und Energie einfließt, die für die nächste Stunde dringend benötigt wird.

Ein Sicherheit gebendes Ritual bei Klassenarbeiten

1. Energie tanken.
   - Ich atme tief ein und lasse den Atem langsam wieder ausfließen.
   - Ich tanke Energie.
2. Mit meinen Kraftquellen in Berührung kommen.
   Zur Auswahl:
   - Ich werfe mein Entspannungszeichen aufs Papier.
   - Ich rufe meinen Verbündeten.
3. Meiner Aufregung eine neue Bedeutung geben.
   - Mein Herz klopft (meine Hände sind nass, ich fühle Schmetterlinge im Bauch ...).
   - Ich spüre, wie meine Energie einfließt und mein Denkmotor sich anwirft.
4. Meine Kraftworte sprechen.
   - Nur Mut, dann geht alles gut!
   - Ruhig und still geht's, wie ich will!
   - Nicht verzagen, jetzt was wagen!

Von seinen Eltern braucht das Kind Anforderungen und Ziele, die es bewältigen kann, und bei schlechten Noten Trost und Hoffnung.

Was Kinder brauchen

Prüfungsängstliche Kinder brauchen Hilfen, um sich ihrer Angst stellen und nach den Ursachen suchen zu können.

Kinder wollen:

- Eine Lernwelt, deren Anforderungen sie mit ein wenig Anstrengung bewältigen können.
- Hilfe bei der Zähmung und Milderung ihrer Erregung.
- Rituale, welche die Sorgegedanken wegblasen.

Wenn Kinder nicht mehr in die Schule wollen

Hinter der Weigerung des Kindes, in die Schule zu gehen, können sich verschiedene Ursachen verbergen.

Immer wieder gibt es Kinder, die sich weigern, in die Schule zu gehen. Weder durch gutes Zureden noch durch Drohungen sind sie dazu zu bewegen, sich auf den Schulweg zu machen. Oft wird die Weigerung durch längeres Zu-Hause-Bleiben wegen Krankheit vertuscht. „Wir haben alles ausprobiert!“, klagen dann die Eltern. Die folgenden Beispiele verdeutlichen die unterschiedliche Problematik einer solchen Schulverweigerung.

Michaela oder die Not, sich von der Mutter zu trennen

Michaela ist ein zartes blondes Mädchen, das von ihrer Mutter und ihrer Großmutter am ersten Tag in die Schule gebracht wird. Unter ihrer riesigen Schultüte verschwindet sie fast. Schon Wochen vorher hat die Mutter versucht, Michaela die Schule schmackhaft zu machen, und ihr immer wieder erzählt, wie wunderbar es ihr dort gehen wird. Jetzt auf dem Weg zu dieser „Segenseinrichtung“ verstärkt die Mutter ihre Beschwörungen und meint immer wieder: „Du brauchst wirklich keine Angst zu haben!“, allerdings ohne Erfolg. Was die Mutter befürchtet hat, tritt auch bald ein. Michaela klammert sich an Mutters Hand und will nicht neben „dem lieben Mädchen“ in einer Bank sitzen. Schließlich sitzen Mutter und Kind gemeinsam am Schultisch und lauschen der Lehrerin. Am nächsten Tag ist Michaela selbst in Begleitung der Mutter nicht zu bewegen, sich auf den Schulweg zu machen.

Felix oder der Schulweg als Schlachtfeld

Felix besucht die dritte Klasse einer Grundschule in einer kleineren ländlichen Gemeinde. Er ist ein guter Schüler und hat einen kleinen, aber festen Freundeskreis. Den etwas längeren Weg zur Schule bewältigt er mit dem Rad. In letzter Zeit muss er sein Rad allerdings oft schieben und kommt deshalb oft zu spät, was ihm sehr peinlich ist. Schließlich beginnt er, den ganzen Weg neben dem Rad herzulaufen, was ihn so viel Zeit kostet, dass er wieder umkehrt. Schließlich erklärt er, nicht mehr in die Schule fahren zu können. Die Mutter bringt ihn inzwischen mit dem Auto, was ihr aber viel Mühe macht, da sie am Vormittag berufstätig ist und vorher noch seine kleine Schwester in den Kindergarten bringen muss. Nachforschungen in der Schule erbringen keine Information. Das Verhalten des Jungen ist unverändert. In der Beratungsstelle stellt sich heraus, dass Felix Angst hat, auf seinem Schulweg kleinere Tiere zu überfahren. Auch wenn er das Rad schiebt, ist er vor einem solchen Versehen nicht gefeit.

Trennungsproblematik

Obwohl sich die Kinder in beiden Beispielen weigern, in die Schule zu gehen, sind die Hintergründe doch sehr verschieden. Bei Michaela handelt es sich um eine Trennungsproblematik, wobei ihre Mutter einen hohen Anteil am Verhalten des Kindes hat. Michaelas Mutter hat emotional Angst, ihr Kind loszulassen, auch wenn sie natürlich weiß, dass Schule eine lebensnotwendige Einrichtung darstellt. Aus diesem Grund hat sie auch den Kindergartenbesuch immer weiter hinausgeschoben.

Und so redet sie sich eigentlich selbst die Angst aus, während sie ihrer Tochter immer wieder einschärft, dass ihr nichts passieren würde. Die Frage ist, ob Michaela wirklich schulfähig ist und den Schritt in die Autonomie schon gehen kann, ohne sich immer wieder der mütterlichen Hand zu versichern.

Schulphobie

Anders bei Felix. Hier steht die Schulangst im Vordergrund, die sich auf den Schulweg verlagert hat. Psychologen sprechen auch von einer Schulphobie. Welche Ängste Felix in die kleinen Tiere am Boden projiziert, ist zu diesem Zeitpunkt noch unklar. Es muss aber an der Bewältigung seiner Ängste gearbeitet werden.

Auch was die Handlungsmöglichkeiten betrifft, sind die Fälle von Michaela und Felix verschieden. Während der Handlungsspielraum bei Michaela noch verhältnismäßig groß ist, da es bei Einschulungen meist eine Art Probezeit gibt, innerhalb derer das Kind wieder vom Schulbesuch zurückgestellt werden kann, sind die Möglichkeiten des Eingreifens bei Felix sehr begrenzt.

Bei einer Schulverweigerung muss schnell gehandelt werden, damit sich die Angst nicht festsetzt.

Alles muss unter großem zeitlichen Druck stattfinden, denn Schulbesuch ist in der Bundesrepublik gesetzlich verpflichtend. Die Erfahrung zeigt, dass man auch aus psychologischen Gründen in solchen Fällen rasch handeln und dem Kind als ersten Schritt sehr schnell den Schulbesuch wieder möglich machen muss. Erst dann kann in einem zweiten Schritt die Aufarbeitung des Problems erfolgen. Gelingt dieses rasche „Zurück-an-die-Schule" nicht, ist meist eine längere therapeutische Betreuung vonnöten, wobei die verfließende Zeit Angst und Scham des Kindes vergrößern, sich in der Schule nicht mehr blicken lassen zu können.

Hilfen für schnelles Eingreifen

Ein Hilfeplan für ein Kind, das nicht mehr in die Schule gehen will, besteht aus mehreren Bausteinen, die dem Kind vermittelt werden müssen:

1. Schule ist eine Notwendigkeit.
   Machen Sie Ihrem Kind nüchtern klar, dass Schule eine zwingende Notwendigkeit darstellt, dass es also nur noch

darum geht, auf welche Weise das Kind wieder hingehen kann. Hier hat es Wahlmöglichkeiten.

2. Ein Experte verliert seine Fähigkeiten nicht.
   Während Sie mit Ihrem Kind die Ursachen ergründen, machen Sie es darauf aufmerksam, dass es doch ein Experte in Sachen „Schule-Gehen" und Krisenbewältigung ist. Erinnern Sie sich an die letzte schwierige Situation im Zusammenhang mit der Schule, und stellen Sie deutlich heraus, wie Ihr Kind sie bewältigt hat: „Wie hast du das damals geschafft?" Bringen Sie die Hilfen von damals sehr konkret auf die innere Bühne. Machen Sie klar, dass ein Experte seine Fähigkeiten nie verliert; sie sind nur manchmal wie durch eine dicke Mauer versperrt.
3. Einen Weg zu den eigenen Kompetenzen bahnen.
   Erinnern Sie Ihr Kind an seine Ressourcen, an alles, was es gut kann. Diese Fähigkeiten können in einer Figur oder in einem Symbol gebündelt werden, das an diese Ressourcen erinnern soll: ein Stein, ein Krafttier oder eine Helferfigur, die man in der Hosentasche mitnehmen kann.
4. Ein Experiment machen.
   Vereinbaren Sie mit Ihrem Kind einen Zeitrahmen, in dem es bereit ist, das Krisenbewältigungsprogramm sozusagen als Verhaltensforscher durchzuführen. Sollen das ein oder mehrere Tage sein? Entwerfen Sie eine Beobachtungstabelle, in welche das Kind ohne Aufwand eintragen kann, was geklappt hat und was nicht.
   Vereinbaren Sie mit Ihrem Kind einen nächsten Besprechungstermin, an welchem Sie gemeinsam die Ergebnisse durchsprechen und weitere Ziele festsetzen.

Der Kraftstein

Viele Kinder sprechen sehr auf einen so genannten „Kraftstein" an. Das Kind soll entweder selbst einen Stein suchen oder aus einer Auswahl von Steinen den aussuchen, „der es ruft“. Dieser Suchprozess dauert eine Weile und bringt das Kind bereits in Kontakt mit seinem Selbst. Dann soll es sich mehrere Erlebnisse vorstellen, bei denen es sich wohlgefühlt hat und seine Fähigkeiten zeigen konnte. Das gute Gefühl lässt es dann in den Stein einfließen, und während die Szene zur Verankerung gemalt wird, bleibt der Stein auf dem Blatt liegen. Die Eltern oder der Therapeut machen dann deutlich, dass es nicht die Magie ist, die hilft, sondern dass ein solches Symbol das Kind unterstützt, seine blockierten Ressourcen wieder zu aktivieren.

Konflikte mit dem Lehrer oder mit Mitschülern

Es kann durchaus vorkommen, dass die Beziehungsaufnahme zwischen Lehrer und Schüler nicht gelingt.

Natürlich gibt es Fälle von Schulangst, hinter denen ein Konflikt mit einem Lehrer oder einer Lehrerin steckt, oder auch Probleme mit den Mitschülern. Wie alle Menschen, die beruflich mit Kindern zu tun haben, sind auch Lehrer vor unbewusst ablaufenden Übertragungen aus ihrer eigenen Biografie nicht gefeit. Ein Kind ist zum Beispiel wie der verhasste eigene Bruder und erweckt unabsichtlich alle verletzten Emotionen beim Lehrer. Wenn dieser keine Gelegenheit hat, sein sehr natürliches Problem mit einem Kind in einer Supervision aufzuarbeiten, ist es meist das Beste, das Kind aus der Klasse zu nehmen.

Bei Konflikten mit Mitschülern kann es einerseits wichtig sein, das Kind therapeutisch in seiner Sozialkompetenz zu stärken, andererseits aber auch dem Lehrer Wege aufzuzeigen, wie er das Kind besser in die Klasse integrieren kann. Hierzu eigenen sich besonders so genannte therapeutische Geschichten, die genau auf das Kind und sein Problem zugeschnitten sind und meist von einer Klasse handeln, die ein Jahr weiter ist. Der Vorname des Protagonisten allerdings beginnt mit demselben Buchstaben wie der Name des Kindes.

Auf diese Weise wird der Anreiz für das Kind größer, sich auf die Geschichte einzulassen, und die Identifikationsfiguren werden attraktiver. Folgendes Beispiel verdeutlicht die Anwendung einer solchen Geschichte.

Severin oder die Qual, aus dem Klassenverband ausgestoßen zu werden

Severin ist ein introvertierter, schüchterner Neunjähriger. In letzter Zeit verstärkt eine Star-Gruppe der Klasse ihre Attacken auf Severin. Sie verstecken seine Schuhe, seine Hefte oder sein Mäppchen. Sie lauern ihm auf dem Heimweg auf, stellen ihre Räder quer und bedrohen ihn: „Warte, heute Nachmittag auf dem Sportplatz, da kannst du was erleben!“ Eines Tages weigert Severin sich, in die Schule zu gehen.

Die Lehrerin wendet sich zusammen mit den Eltern ratsuchend an den schulpsychologischen Dienst. Als ein Baustein im Hilfeplan für Severin wird eine therapeutische Geschichte ausgewählt. Am nächsten Tag bittet die Lehrerin die Klasse um Rat für eine Kollegin an einer Schule in einem anderen Ort. Diese leite eine vierte Klasse, in der ein Schüler, er heißt Sören, von der Klasse ausgestoßen wird. Die Lehrerin erzählt nun Severins Marter in der Person von Sören und appelliert auch an die Einfühlung der Kinder, indem sie fragt, wer auch schon einmal so etwas wie Ablehnung erlebt hat und wie es ihm dabei ergangen ist. Schließlich bittet sie die Kinder um Hilfe für Sören. Was kann seine Lehrerin tun? Was können die Kinder in der Klasse tun? In „Eigenbluttherapie“ sammeln die Kinder nun Vorschläge, die an der Tafel oder an einer Pinnwand festgehalten werden. Daraus können dann auch neue Regeln für das Zusammenleben in der eigenen Klasse erwachsen.

In Geschichten erkennen Kinder Problemstrukturen und lernen, sie auf die eigene Situation zu übertragen und dadurch Lösungswege zu finden.

Natürlich ahnen die meisten Kinder, dass es sich um ihr eigenes Problem in der Klasse handelt, aber die Schwierigkeiten sind so diskret verhüllt, dass kein Kind in Bedrängnis kommt und sich schämen muss. Diskretion ist bei allen pädagogischen Maßnahmen rund um die Schulverweigerung ein wichtiges Leitziel.

Was Kinder brauchen

Kinder in Schulnöten brauchen diskrete Erwachsene, die ihnen helfen, den Hintergrund ihrer Schwierigkeiten aufzudecken, und die an vielen Orten des Beziehungsfeldes Unterstützung anbieten.

Kinder wollen:

- Kenntnis über Bausteine und Voraussetzungen, die zu Erfolg bei Klassenarbeiten führen.
- in ihrer Angst vor schulischen Prüfungssituationen ernst genommen werden.
- die Einübung eines Angstmanagements lernen.
- ein Erkennen ihres Angstsignals, dass sie mit einer Situation in der Schule nicht mehr allein fertig werden.
- eine Hilfe für die Rückkehr in die Schule, welche ihre Ressourcen und Kompetenzen in den Mittelpunkt stellt.

Wie Kinder neue Schulsituationen verkraften

„Hurra, ich bin ein Schulkind – und nicht mehr klein!" lautet die erste Strophe eines Liedes, das den Statuswechsel des ABC-Schützen vom Kindergartenkind zum Schulkind zum Ausdruck bringt. Lauthals schmettern es die Erstklässler und machen sich mit diesem Ritual auch Mut. Aber das ist nicht der einzige Übergang für das Grundschulkind: Gar mancher Drittklässler würdigt auf dem Schulhof seine alte Lehrerin keines Blickes mehr: Dieser Babykram mit all dem Pippifax wie „Zappelmänner“, Klassenraben und was es da sonst noch gab, gehört nun der Vergangenheit an. In der dritten Klasse legt das Grundschulkind den Habitus des Schulneulings endgültig ab. Und wieder gehen einige Jahre ins Land, bis dann die Gymnasiastin erstaunt fragt: „Wie konnte ich das nur vier Jahre aushalten? Alles fünfmal durchkauen und Schönschreiben als Unterrichtsfach!“

Jede neue Lebenssituation wird eingeleitet durch eine Phase des Übergangs und ist mit Krisen verbunden.

Jede dieser Stufen bringt das Kind ein Stück weiter auf der Treppe zum heiß ersehnten Erwachsenwerden und damit der Selbstbestimmung und Unabhängigkeit entgegen. Das Kind wird zunehmend fähiger, sich mit den Anforderungen seiner Umwelt auseinander zu setzen. Doch diese Übergange erfolgen nicht immer problemlos und weisen besondere Kennzeichen auf.

Übergänge im Schulleben – wodurch zeichnen sie sich aus?

Jedes der in unseren Fallbeispielen beschriebenen Kinder befindet sich in einer Übergangsphase; die Entwicklungspsy-

In einer neuen Situation führen die altbekannten Verhaltensweisen nicht mehr weiter. Neue müssen erworben werden.

chologie spricht von einem kritischen Lebensereignis und weist darauf hin, dass es in solchen Zeiten zu Problemen und Krisen kommen kann. Bisher in einer vertrauten Umgebung in einer vertrauten Situation, in der das Kind gewohnt war, eingespielt auf die bekannten jeweiligen Anforderungen mit routinierten Verhaltensweisen zu reagieren, greifen nun die alten Verhaltensmuster nicht mehr, und die Ausgewogenheit zwischen Anforderungen und Fähigkeiten ist aus der Balance geraten. Das Kind lebt in einem Vakuum, in dem neues Verhalten wachsen kann. Doch wodurch genau wird der ausgewogene Zustand gestört?

Es sind die oft drastischen Veränderungen der Lebenssituation, die das Kind verunsichern: Neue Erfahrungen, neue Anforderungen, neue Kameraden und Bezugspersonen sowie eine neue Umgebung bringen die bisherige Deutung von Umwelt und eigener Person, von Selbstverständnis und Rollenverständnis ins Wanken und fordern, sich umzuorientieren und neue Sicht- und Verhaltensweisen zu entwickeln. Kinder benötigen dazu einen verstärkten Einsatz an psychischen Energien.

Wie bewältigen Kinder kritische Lebensereignisse?

Manche Kinder verfallen bei Verunsicherung und Überforderung in bereits überwundene Entwicklungsstufen zurück, andere geben sich betont cool.

Diese Zeit der dynamischen Veränderungen geht auf der psycho-emotionalen Ebene einher mit Verunsicherung, mit Bedrohung und Ängsten: Kann ich die Leistungsanforderungen erfüllen? Mögen mich die Lehrer und Klassenkameraden? Verhalte ich mich richtig? Wenn das Kind weder die Leistungserwartungen des neuen Schulabschnitts erfüllen kann, noch Anerkennung und Geborgenheit in der Gruppe findet, und das soziale Netzwerk der Familie es im Augenblick nicht auffangen kann, dann kommen Angst-Abwehrprozesse in Gang. So schlüpft die zehnjährige Mareike, die sich tagsüber selbstsicher den Anforderungen des Gymnasiums stellt, nachts wieder ins warme Bett der Eltern, und manchmal klagt sie über Kopfschmerzen. Mareike fällt in ihrem Verhalten auf eine frühe Entwicklungsstufe zurück, um Kraft zu tanken. Wir sprechen auch von einer Regression des Verhaltens. Richard dagegen lebt seine Unsicherheit in Empfindlichkeiten und Launenhaftigkeit aus, während Sven das Neue heftig abwertet: „Die Kinder und die Schule sind blöd!" Und: „Die neuen Lehrer erklären das einfach nicht richtig!" Alle bereits beschriebenen Schutzmechanismen der kindlichen Psyche können auftreten und den Bezugspersonen des Kindes als Alarmsignal dienen.

Wenn es dem Kind gut gelingt, sich den neuen Gegebenheiten anzupassen, Gefühle und Verhaltensweisen mit den je spezifischen Anforderungen in Einklang zu bringen und so wieder einen neuen Gleichgewichtszustand herzustellen, spricht die Psychologie von Coping-Prozessen. Je mehr solcher Prozesse gemeistert werden, je häufiger sich das Kind mit seinen Bewältigungspotenzialen erfolgreich erlebt hat, umso stabiler erlebt es die nächste Übergangssituation.

An gute Erfahrungen erinnern

Die erfolgreiche Bewältigung einer Krise stärkt das seelische Immunsystem. Hilfreich für Eltern und Lehrer ist deshalb, das Kind auf seine Kompetenzen hinzuweisen: „Erinnerst du dich, als du in den Kindergarten gekommen bist?" Oder: „So wie du Schleifen binden, schwimmen und computern gelernt hast, so kannst du noch vieles lernen ...!"

Abschied nehmen

Für den erfolgreichen Eintritt in einen neuen Lebensabschnitt ist auch das Abschiednehmen von der vorhergehenden Phase hilfreich. Abschied nehmen bedeutet immer ein bewusstes Abschließen einer „alten Geschichte", verbunden mit dem Zulassen von Trennungsschmerz und Wehmut, bis schließlich ein freundlicher Blick auf das Vergangene möglich wird und Zuversicht für das Neue wächst. Rituale helfen hier, den Rückblick zu wagen:

- Was war gut für mich?
- An welche schönen Erlebnisse erinnere ich mich?
- Wovon muss ich mich verabschieden?
- An welche Situation denke ich nicht so gern zurück?
- Welches Erlebnis lasse ich gern da?

In der Klasse können Bilder gemalt, Listen geschrieben, den Klassenkameraden Rückmeldung gegeben werden zum Thema „Ich mag an dir ...“, „Manchmal war es schwer, wenn du...“

Aus diesem Grund ist das Abschiedsfest am Ende der Kindergarten- und Grundschulzeit und beim Verlassen der zweiten Klasse so wichtig. Gruppendynamisch betrachtet löst sich das Wir am Ende der Grundschulzeit auf, und jedes Kind geht als Einzelnes aus der Gruppe heraus, um schon in Bälde in eine neue Gruppe hineinzugehen, die wieder zu einem Wir zusammenwachsen muss.

Was Kinder brauchen

Kinder in Übergangsphasen brauchen Erwachsene, die von Unsicherheiten bei der Bewältigung kritischer Lebensereignisse wissen und ihnen Hilfe anbieten, ihre Ressourcen zu mobilisieren.

Kinder wollen:

- Rituale zum Abschließen der vergangenen Schulphase. Trauerprozesse müssen zugelassen und das Vergangene noch einmal gewürdigt werden.
- Anregung zur Erinnerung an bereits erfolgreich bewältigte Übergangsphasen, um sich der eigenen Kompetenzen bewusst zu werden.
- Verständnis für vorübergehende Angst-Abwehr-Reaktionen, die sie zum Schutz ihrer bedrohten Psyche einsetzen.

Erfolgreich lernen: der individuelle Arbeitsstil

Kinder lernen auf ganz unterschiedliche Weise. Deshalb gilt es, den individuellen Lernstil zu finden und hilfreiche Lerntechniken zu entwickeln. Dann ist effektives Arbeiten möglich, und auch die Hausaufgaben sind kein Problem mehr.

Wenn nur die Hausaufgaben nicht wären ...

„Etwas Schrecklicheres als Hausaufgaben kann ich mir nicht vorstellen!", klagt so manches Schulkind.

Es gibt nicht wenige Kinder, die gehen gern in die Schule, machen aus den Hausaufgaben jedoch ein tägliches Drama. Viele Eltern kennen Äußerungen wie:

- „Die Schule ist schön, aber die Hausaufgaben sind blöd!"
- „Ich hasse die Hausaufgaben!"
- „Hausaufgaben, da vergeude ich einfach meine Zeit!"
- „Wozu sollen Hausaufgaben schon gut sein?"
- „Erst den ganzen Vormittag Schule, dann zu Hause gleich wieder hinsitzen!"

Die Ablehnung der Kinder teilen auch manche Erwachsene. Auch unter Eltern und Lehrern sind Hausaufgaben nicht unumstritten: So gibt es durchaus Lehrer, die auf die Selbstständigkeit ihrer Schüler bauen und ihnen selbst das Pensum des Vertiefens und Übens überlassen. Durch das Aushängen von Listen im Klassenzimmer kann das individuelle Engagement der Kinder durchaus überprüft werden.

So sieht die Hausaufgaben-Realität aus:

- *Grundschüler brauchen durchschnittlich jeden Tag eine Stunde, Realschüler und Gymnasiasten zwei Stunden für ihre Hausaufgaben. Dies entspricht den amtlichen Vorgaben über das Pensum, das Lehrer geben „dürfen". Ein Drittel der älteren Schüler sitzt allerdings länger als zwei Stunden.*
- *Bei den Fünftklässlern hilft die Hälfte der Eltern noch regelmäßig mit, und ein Drittel der Eltern empfindet diese Mithilfe als Belastung, greift die Schule doch durch diesen verlängerten Arm massiv in das Familienleben ein.*

Ähnlich finden sich auch unter den Eltern erbitterte Hausaufgabengegner, besonders dann, wenn Hausaufgaben zum Auslöser für täglichen Stress in der Familie geworden sind. Jedoch ist der überwiegende Anteil der Lehrer und Eltern der Ansicht, dass Hausaufgaben notwendig seien, um den schulischen Übungsstoff zu vertiefen, um die Kinder zur Selbstständigkeit zu erziehen und Fleiß und Anstrengungsbereitschaft zu fördern.

Das Thema „Hausaufgaben“ belastet jede Familie unterschiedlich, von „Kein Problem! Die Hausaufgaben erledigt er/sie bereitwillig“ bis zu chronischen Machtkämpfen meist zwischen Mutter und Kind, die mit Tränen oder Wutausbrüchen beim Kind und Drohungen oder Strafen von Seiten der Mutter enden. Die Forderungen der Schule belasten dann den Familienalltag, sodass alle nostalgisch an die Zeit zurückdenken, als Schule noch nicht Tagesthema war. Eltern und Kinder sehnen die nächsten Ferien herbei, um für kurze Zeit wieder eine Familie sein zu können, in der aus der „Schulbeziehung“ wieder eine „Familienbeziehung“ wird.

Hausaufgaben belasten oftmals nicht nur das Kind, sondern greifen massiv in das Familienleben ein.

Die Falle der Hausaufgabenpraxis besteht darin, dass das Kind einerseits zur Selbstständigkeit erzogen werden soll, andererseits aber die Eltern in der Regel auch die Verantwortung für das Erledigen der Schulpflichten tragen. Die Hausaufgabenhefte als Post zwischen Elternhaus und Schule sind oft randvoll mit verzweifelten Bemerkungen von beiden Seiten.

Tricks und Kniffs zur Bewältigung der Hausaufgaben

All die geschilderten Probleme gilt es zu bewältigen. Konkrete Hilfen sind erforderlich. Der unterschiedliche Hausaufgabenstil von Kindern weist den Weg zu individuellen Lösungen.

Marina oder die Ausnutzung der Mutter als „Hilfs-Lehrerin“

„Jeden Nachmittag sitze ich mit Marina an den Hausaufgaben. Allein tut sie überhaupt nichts, und um fünf Uhr ist immer noch

nichts fertig, oder alles ist schlampig oder falsch! Was mache ich nur verkehrt?", seufzt die Mutter.

Es ist eindeutig: Marina spannt ihre Mutter als Hilfs-Ich ein. Was veranlasst sie dazu?

- *Ist Marina ein Sonntagskind? Ist sie es gewohnt, bei allem, was sie tut, die Unterstützung der Mutter zu bekommen?*

Erziehung zur Selbstständigkeit

Hier ist eine generelle Erziehung zur Selbstständigkeit in allen Lebensbereichen angesagt. Die Mutter muss abwägen, was das Mädchen allein bewältigen kann, und es ihr auch überlassen. Nicht zu vergessen: Am Ende muss Marina Lob ernten, nicht nur für das Ergebnis, sondern auch dafür, dass sie dieses ohne Mamas Hilfe erreichte.

- *Kann Marina sich nicht konzentrieren? Schweifen ihre Gedanken vielleicht zu den Freundinnen, bei denen sie jetzt so gerne wäre?*

Konzentrationsprobleme

Die oft empfohlene Methode, mit „logischen Konsequenzen" zu reagieren, und dann eben das Spielen mit der Freundin ausfallen zu lassen, zeigt hier meist nicht die gewünschte Wirkung. Stattdessen berichten die Eltern: „Es ist, als ob ihr das nichts ausmachen würde. Sie beschuldigt uns dann, wir würden sie nie mehr mit anderen Kindern spielen lassen, seit sie in die Schule geht!" Marina schiebt die Schuld auf die Eltern und die Schule und entwickelt eine Abneigung gegen beide.

Marina kann mit Hilfe der Mutter die „lange Straße Hausaufgaben" in kleine Schritte unterteilen, für die ihre Konzentration gerade ausreicht. Marina darf dann an die Pinnwand die Zettel in der Reihenfolge hängen, in der sie die Aufgaben in Angriff nehmen will, und sie darf auf den Zetteln vermerken,

Eine Hausaufgabenhilfe für konzentrationsschwache Kinder
Kindern, die sich bei den Hausaufgaben immer wieder ablenken und herumtrödeln, hilft die Geschichte von Peppo-Straßenkehrer aus „Momo“, dem modernen Märchen von Michael Ende, weiter:
Peppo wird von Momo gefragt, wie er es schaffe, diese endlose Strecke zu bewältigen. Peppo antwortet: „Ich kümmere mich nicht um die Straße, ich schaue nur auf den nächsten Schritt!“ Und genauso sollte das Kind seine Hausaufgaben angehen. Gute Dienste leistet dabei ein Abreißblock mit verschiedenfarbigen Zetteln. Auf jeden Zettel wird eine Aufgabe geschrieben: 1. Mathe-Aufgaben, 2. Lesen üben, 3. ein Bild ins Religionsheft malen.

wann sie die Hilfe der Mutter braucht. Oder: Die ersten drei Zeilen von der Schreibübung, die letzten zwei Zeilen, den ersten Turm Rechnungen, den zweiten Turm ... Nach jedem Schritt darf Marina die Mama rufen, damit sie kommt und ihre Wertschätzung für das Geleistete zeigen kann.

Eine weitere Konzentrationshilfe ist das laute Sprechen:
Gedanken sind wie Wolken, die auftauchen und sehr schnell wieder verschwinden. Die Sprache aber hält die Gedanken längere Zeit fest und fördert so die Aufrechterhaltung und die Steuerung der Aufmerksamkeit.

- *Fällt Marina die Bewältigung der Hausaufgaben schwer, weil sie diese tatsächlich nicht allein bewerkstelligen kann?*

Bequemlichkeit

„Das kann ich nicht!" – „Das ist zu schwer!" – „Das hab' ich nicht kapiert!" Von solchen Hilferufen ihrer Kinder lassen sich Eltern oft bereitwillig hinreißen, die Sache sofort in ihre kompetenten Hände zu nehmen und dem Kind alles noch einmal zu erklären. Die Wirkung bei Marina: Sie legt die Hände in den Schoß und lässt das Ganze noch einmal über sich ergehen. Ihre eigene Denk- und Kombinationsfähigkeit, ihr Gedächtnis, mit Hilfe dessen sie die Erinnerung des Schulvormittags auffrischen könnte, bleiben brachliegen. Um hier eine weitere Verfestigung des Verhaltens zu verhindern, muss der Weg umgekehrt werden: Marina erklärt der Mutter, was sie noch von der Schule weiß, wie sie im Unterricht das erste Beispiel im Buch oder im Heft errechnet hat, und wie die Aufgabe vielleicht gelöst werden könnte. Kleine Hinweise der Mutter sollten zur gedanklichen Weiterführung beitragen und so das selbstständige Denken anregen. In der dritten und vierten Klasse hilft es auch, auf die Anfangsseiten eines Kapitels zurückzublättern und die Grundlagen wieder aufzufrischen.

Richard oder der Versuch, die eklige Pflicht rasch zu erledigen

Richard hat keine Zeit für Hausaufgaben. Schnell, schnell hingeschmiert, eine Unmenge Fehler, die Hälfte vergessen, und dann nichts wie raus, denn sein Freund Ronny wartet schon auf dem Bolzplatz. „Ich kann ihn einfach nicht am Schreibtisch halten!", lautet die Klage seiner Mutter.

Richard ist im Gegensatz zu Marina darauf bedacht, die lästige Pflicht so rasch wie möglich hinter sich zu bringen. An ihm prallen alle Appelle an die Vernunft und alle Drohungen ab. Für Richard beginnt die richtige Welt vor der Haustür. Für ein impulsives Kind wie ihn stehen die momentanen Bedürfnisse im Vordergrund: Spiel, Spaß, Bewegung, Freunde, mit denen er all das Schöne teilen kann, und die Anerkennung schenken. Langfristige Ziele wie „Lob der Lehrerin am nächsten Tag" oder „bessere Noten" und erst recht ein „guter Schulabschluss" sind weit weg und haben kein Gewicht. Um Richard zu einem gründlicheren Arbeitsverhalten zu erziehen, brauchen die Eltern einen langen Atem: Klare Vereinbarungen über den Zeitpunkt und die Dauer der Hausaufgaben und – meist das Schwierigste auch für die Eltern – das konsequente Einhalten dieser Absprachen sind hier unumgänglich. Notfalls müssen Telefon und Klingel abgestellt werden, während Richard an den Hausaufgaben sitzt. Auch eine Übereinkunft mit anderen Eltern kann hilfreich sein.

Nur mit klaren Vereinbarungen und Konsequenz kann ein Kind zu gewissenhaftem Arbeiten angehalten werden.

Lucy oder die Qual des Beginns

Lucy hat mit ihrer Mutter eine klare Vereinbarung getroffen: Nach dem Nachhausekommen Mittagessen, ausruhen und um 14 Uhr Beginn der Hausaufgaben. Aber jedes Mal, wenn der Zeiger auf der Zwei steht und die Mutter zum Anfangen mahnt, beginnt das große Jammern und Betteln um Zugabe zur Spielzeit: „Ich bin grad mittendrin!" Jeden Tag dasselbe!

Lucy möchte das Angenehme weiter genießen und das Unangenehme vor sich herschieben. „Aufschieberitis" wird dies in Seminaren zum Selbstmanagement genannt. Wer kennt sie nicht?

Vielen Kindern hilft es, wenn sie in einer einwöchigen Probezeit austesten, welches der beste Zeitpunkt für sie ist, mit den lästigen Pflichten zu beginnen, nach der Devise: Hausaufgaben müssen gemacht werden, aber du darfst wählen, wann.

Eine Liste, auf der in der Art eines Verhaltensforschers die Erfahrungen für jeden Tag eingetragen werden, lassen das Kind zum interessierten Beobachter werden. Biologisch gesehen ist der frühe Nachmittag der ungünstigste Zeitpunkt, da hier die Leistungsfähigkeit einen Tiefpunkt erreicht. Aller-

Morgen, morgen, nur nicht heute – das ist die Losung mancher Kinder.

dings klagen viele Eltern, dass sie ihr Kind zu einem späteren Zeitpunkt aus den Freizeitaktivitäten nicht mehr herausreißen können. Es gilt also zu testen: Was behindert mehr – die körperliche Müdigkeit zur Mittagszeit oder die Unlust, mit dem Spielen aufzuhören? Außerdem kann eine Art Einstimmungsmusik ein akustisches Signal setzen oder andere rituelle Handlungen können den Einstieg markieren.

Jens oder die Not, das Chaos zu lichten

Jens' Eltern beklagen sich über die ständige Unordnung in seinem Zimmer. Will er sich an die Hausaufgaben setzen, schiebt er Comics, Flugzeug-Basteleien, Lego-Bauwerke an den Rand des Schreibtisches, um Platz für ein Heft zu schaffen. Hat er sich endlich hingesetzt, greift er immer wieder zu den so attraktiven Spielsachen, die sich in Reichweite türmen.

Bei Jens besteht der erste Schritt im Herrichten seines Arbeitsplatzes. Dazu braucht er die Hilfe der Eltern. Ein solches

Unterfangen kann zum Umräumen des Zimmers führen, zur Anschaffung einer kleinen Pinnwand, neuer Regale, Ablagekästen und anderen Hilfsmitteln, die zu einem erfolgreichen Hausaufgaben-Management gehören.

Manchmal genügt schon ein ordentlicher Arbeitsplatz, damit das Kind erfolgreich Hausaufgaben machen kann.

Marvin oder die Vermeidung von Anstrengung

Marvin ist ein guter Schüler, und das Lösen der Aufgaben fällt ihm leicht. Nur im Rechtschreiben erbringt er im Gegensatz zu seinen sonstigen Standards nur mittelmäßige Leistungen, und das Schreiben fällt ihm als Linkshänder etwas schwer. Außerdem nimmt in Marvins breitem Interessenspektrum Schule nur eine untergeordnete Stellung ein. Da Marvins Hausaufgaben in letzter Zeit immer häufiger fehlen, bittet die Lehrerin die Eltern zum Gespräch. Die Eltern fallen aus allen Wolken. Sie waren davon ausgegangen, die Verantwortung Marvin überlassen zu können.

Marvin muss aus den „logischen Konsequenzen" seines Handelns lernen: Nacharbeit, die durch die Lehrerin angeordnet wird, ist hier sehr viel wirkungsvoller als ein Machtkampf mit der Mutter. Marvin braucht keine Hilfe, sondern muss lernen, kurzfristige Bedürfnisse aufzuschieben, um langfristige verfolgen und so allmählich „Selbstdisziplin" entwickeln zu können.

Sinn der Hausaufgaben ist es auch, Selbstdisziplin zu erwerben.

Die Funktion der Eltern

Die beschriebenen Beispiele weisen außer im letzten Fall ein gemeinsames Merkmal auf: In allen Fällen werden die Eltern in die Hausaufgaben einbezogen. Kein einziges Mal findet man den Tipp: Lassen Sie das Kind allein arbeiten!

Für die Mithilfe der Eltern gilt: So viel Selbstständigkeit wie möglich – so viel Hilfestellung wie nötig!

Wenn Sie als Eltern oder Lehrer dennoch scheitern, hilft oft die Arbeit in einer Kindergruppe. Hausaufgaben lassen sich für manche Kinder zusammen mit anderen leichter bewältigen. Das ist der Vorteil von Horten oder von Ganztagsschulen und Lerninstituten, die Hausaufgabenbetreuung anbieten. Wenn alle Kinder sich hinsetzen und die Hausaufgabenhefte herausholen, wird zuweilen auch das hausaufgabenmüde Kind von der Aktivität der Gruppe mitgerissen.

Was Kinder brauchen

Kinder im Grundschulalter brauchen individuelle und konkrete Hilfe bei ihrem Hausaufgaben-Management. Die Eltern müssen erkennen, wo das spezielle Problem ihres Kindes liegt.

Kinder wollen:

- Anerkennung dafür, dass Hausaufgaben eine mühsame und oft langweilige Arbeit sind.
- eine konsequente Unterstützung bei der Organisation einer aufgeräumten und störungsfreien Umgebung.
- Anleitung zur Portionierung des Hausaufgabenberges.
- bei Lernproblemen Möglichkeiten der Anregung ihres eigenen Denkens.
- mutige Hilfe bei der Entwicklung von Selbstdisziplin.

Das Fitnesstraining für den Kopf – wichtige Lerntechniken

„Zu Hause hat mein Kind alles gekonnt!" klagen Eltern häufig dem Lehrer, wenn wieder mal eine Arbeit schief gegangen ist.

„Jürgen hat Lernblockaden, wie Blackouts. Zu Hause kann er alles, aber beim Test ist alles wie weggeblasen!" Solche und ähnliche Klagen über den berühmten „Blackout" äußern Eltern häufig. Die Frage nach Angstsymptomen beantwortet Jürgen mit Schulterzucken. Und wie hat er sich auf die Klassenarbeit vorbereitet? Die Hände in seinen Pulloverärmeln versteckt, murmelt der Neunjährige: „Ich hab's mir am Nachmittag zuvor angeschaut!" Und mit einem Bestätigung heischenden Blick auf die Eltern fügt er hinzu: „Stimmt doch?" Und die Eltern lassen ihn nicht im Stich: „Beim Abfragen hat er alles gewusst", meint die Mutter, und Jürgen nickt erleichtert.

„Anschauen" heißt bei Kindern „überfliegen", bedeutet aber kein systematisches Einprägen. Und das elterliche „Abfragen" ist meist eine Kontrolle gleich im Anschluss an das erste Anlernen und damit eine Überprüfung des Kurzzeitgedächtnisses. Und damit wird der Gedächtnis-Computer schlecht bedient. Auch bei Jürgen war das der Fall. Erforderlich ist hier ein Fitnesstraining für den Kopf, das sich über mehrere Stunden erstreckt. Dieses Training hat zwei Ziele:

- Das Lernen soll möglichst wenig Zeitaufwand erfordern.
- Das Wissen soll dauerhaft im Gedächtnis abrufbar bleiben.

Wie arbeitet unser Gedächtnis-Computer?

Einige allgemeine Regeln des Lernens wurden bereits beim Thema Hausaufgaben (siehe Seite 106ff.) vorgestellt, andere sollen im Folgenden genauer erläutert werden. Dazu eignet sich der Jargon der modernen Kommunikationstechnik, denn der Computer auf dem Schreibtisch ist durchaus mit unserem Computer im Gehirn vergleichbar, auch wenn unser Verstand viel komplexer und komplizierter ist, weil er noch von unseren Gefühlen beeinflusst wird, die dem PC nicht in die Quere kommen.

Das dauerhafte „Abspeichern" von Lerninhalten ist ein komplizierter Vorgang und geschieht nicht durch kurzes „Anschauen" eines Textes.

Wenn auf dem Computer ein Text geschrieben wird und der Benutzer das Gerät ausschaltet, ohne den Text vorher abzuspeichern, ist dieser unwiederbringlich weg. Auch unser Gedächtnis braucht diesen Abspeicher-Vorgang. Leider funktioniert dieser nicht per Mausklick, sondern ist umständlicher und mühsamer auszuführen.

Zum besseren Verständnis dieses Vorgangs müssen wir uns vergegenwärtigen, wie die Aufnahme, Verarbeitung, Speicherung und Wiedergabe von Gelerntem vor sich geht:

Über unsere Sinnesorgane – bei schulischem Lernstoff vorrangig die Augen und Ohren – werden die Informationen aufgenommen und über die Nerven ins Gehirn geleitet. Dort werden sie im Kurzzeit- oder Arbeitsgedächtnis festgehalten. Die Verweildauer der Informationen kann von wenigen Minuten bis zu einigen Stunden betragen. Damit eine Information dauerhaft abfragbar ist, muss sie jedoch über den „Fluss des Vergessens“ ins Langzeitgedächtnis transportiert werden. Die Information muss also im Arbeitsspeicher bearbeitet werden. Dies geschieht zum einen, indem der Lernstoff nicht nur gelesen, sondern durchgearbeitet wird, zum anderen aber durch Wiederholen und Üben. Dabei gilt es, einige Gesetzmäßigkeiten unseres Gehirns zu berücksichtigen.

Wichtige Strategien zur Abspeicherung von Lerninhalten

Vor dem Merken kommt das Verstehen.

Nur Begriffe und Zusammenhänge, die verstanden wurden, bleiben längere Zeit haften. Nur wenn das Gelernte auch inhaltlich begriffen wurde, kann ein Kind flexibel mit dem Wissen umgehen und auch auf eine Frage antworten, die nicht mit dem Wortlaut im Heft oder Buch identisch ist. Hierzu gehört auch, dass das Kind Oberbegriffe und Überschriften mitlernen muss, damit es nicht die Namen von Flüssen mit denen von Städten verwechselt oder die Gefahren des elektrischen Stromes mit dessen Verwendungszweck. Noch besser wird der Lernstoff durchgearbeitet, wenn das Kind selbst Überschriften in Fragen umformulieren kann. Es wird dann von den Fragen des Lehrers in der Klassenarbeit nicht mehr überrascht.

„Ach ja, beim Hasen war das auch so. Der hat einen ähnlichen Knochenbau wie das Eichhörnchen. Doch die Bachforelle hat andere ‚Knochen', die Gräten." Mit dem Gedankenausflug zu Ähnlichem und zu Unterschiedlichem sichert man das Verständnis von Sachverhalten und damit das Erinnerungsvermögen. Dieses Verbinden mit bereits abgespeichertem Wissen macht man sich auch bei „Eselsbrücken" zunutze, deren Grundsätze heute in Mnemotechnik-Seminaren auch Erwachsenen gelehrt werden.

Mit schon Bekanntem verbinden

Aus der Hochbegabungsforschung wissen wir, dass komplexe Vorgänge meist in Bildern abgespeichert werden. Wenn sich Heinz die Kläranlagebecken vorstellen kann, die er real besichtigt und als Skizze ins Heft gezeichnet hat, wird er den Ablauf der Schmutzwasserreinigung sicherer wiedergeben können, als wenn er versucht, sich allein die Begriffe zu merken. Auch beim Auswendiglernen von Gedichten hilft das Umsetzen jeder Strophe in ein Bild. Und erst recht, wenn Textaufgaben in der Mathematik zu lösen sind. Stellt sich Inge vor, wie Familie Meier mit ihrem Urlaubsgepäck „losdüst", auf einem schattigen Waldparkplatz eine Pause einlegt, die Kinder dort ihre Hamburger essen und die Familie dann wieder weiterfährt, kann sie diesen Text leichter in eine mathematische Operation umsetzen. Von Steffi Graf wissen wir, dass sie täglich ein mehrstündiges Trainingspensum auf dem Tennisplatz ableistete, obwohl sie bereits Weltklassespielerin war. Hätte sie gewartet, bis sie außer Form geraten wäre, wäre sie kaum zu größeren Erfolgen gelangt. Sich in Form halten, am Ball bleiben, gilt auch für unser Gehirn. Lassen wir Gelerntes liegen, bröckelt eine ganze Menge davon ab, es tropft durch unser Gedächtnis-Sieb und muss wieder neu gelernt werden.

Visualisierung – besseres Einprägen durch Bilder

Wiederholungen – unerlässlich zur Abspeicherung

Vergessen ist normal. Nur wiederholtes Üben transportiert das Gelernte über den Fluss des Vergessens.

Dabei ist der Vergessenseffekt in der ersten Zeit besonders hoch. Das meiste wird kurz nach dem ersten Lernen vergessen. Und so wird auch Jürgens Problem verständlich. Beim Abfragen gestern hat er alles gekonnt und beim Test war dann so vieles wieder weg! Das Gelernte war beim ersten Überlernen noch nicht vom Langzeitgedächtnis übernommen worden, sondern durch das Sieb des Arbeitsspeichers getropft. Der Mausklick in Form von Wiederholung hat gefehlt.

Wiederholen mit System

Behalten und Vergessen folgen bestimmten Regeln. So muss am Anfang in kurzen Abständen wiederholt werden. Sitzt der Stoff, müssen die Abstände der Wiederholungsphasen vergrößert werden, und später muss der Lerninhalt gelegentlich wieder aufgefrischt werden. Die Konsequenz daraus ist, dass das Lernen am Nachmittag vor der Klassenarbeit in der Regel nicht ausreicht. Eine langfristige Lernplanung kann hier für den nötigen Überblick sorgen. Auch das Karteikarten-System ist hilfreich, das aus dem Vokabellernen in den Fremdsprachen bekannt ist. Für dieses langfristige Lernen spricht auch, dass wir nicht beliebig viel Lernstoff auf einmal aufnehmen können: Die Lernkurve steigt nicht geradlinig an. Nach anfänglich guten Fortschritten und steilem Anstieg flacht die Kurve zu einem Lernplateau ab.

Verteiltes Lernen automatisiert

Geht es um den Erwerb von Fertigkeiten, also Stoff, der automatisch beherrscht werden soll, wie zum Beispiel das Einmaleins oder das Kopfrechnen mit Plus und Minus, verhilft das „verteilte Lernen“ zu mehr Routine, als wenn die gleiche Zeit am Stück aufgewendet wird. Wir kennen dieses Phänomen auch vom Klavierspielen oder vom Autofahren.

Eine Binsenweisheit, die jeder von sich und seinen Zöglingen kennt, die aber äußerst schwer umzusetzen ist: Interesse verleiht dem Verstand und dem Gedächtnis Flügel. Es ist sozusagen das emotionale Schmiermittel für alle Lernvorgänge. Doch wie lässt sich Klaus für das Rechnen motivieren, wo er doch immer nur Fußballspielen im Kopf hat? Für solche Fälle empfiehlt die Lernpsychologie, eine externe „Belohnung“ parat zu halten. Kinder können schon im Grundschulalter nach und nach lernen, äußere Anreize bewusst als Instrument zur Selbststeuerung einzusetzen. So klebt Rainer aus der zweiten Klasse nach zwei fertig geschriebenen Sätzen immer einen grünen Klebepunkt auf seine „Lerntreppe“. Jeder dieser Erfolgspunkte kann nach Beendigung der Hausaufgabe in fünf Minuten Computer-Spielzeit umgesetzt werden. Für Rainer sind die grünen Punkte eine Hilfe, sich das ungeliebte Schreiben mit seiner Lieblingstätigkeit zu versüßen.

Konzentration und Motivation unterstützen den Gedächtnisprozess.

Ohne Zeit- und Energieaufwand geht es nicht!

Dieser Ausflug in die Lern- und Gedächtnispsychologie hat gezeigt, dass Lernen nicht ohne Zeit- und Energieaufwand erfolgreich sein kann. Die Versprechungen geschäftstüchtiger Lernberater, Lernblockaden schnell und dauerhaft mit einigen gymnastischen Übungen oder Druckpunktmassagen zu beheben, stellen sich meist nach kurzer Zeit als zu hochgegriffen heraus. Alternative Methoden vom Markt der Wunderheiler können durch ihre schönen Rituale sehr wohl die Aufmerksamkeit und die Motivation des Kindes unterstützen, sie ersetzen aber nicht das Know-how über ein Fitnesstraining für den Kopf.

Was Kinder brauchen

Kinder im Grundschulalter brauchen systematische und kenntnisreiche Hilfen zur Einprägung von Lernstoff. Sie müssen mit Hilfe von Lehrer und Eltern das Lernen lernen.

Kinder wollen:

- verstehen, warum ein Überfliegen des Lernstoffes ihnen die verlässliche Wiedergabe verwehrt.

- konkrete Techniken für den Transport der Informationen über den Fluss des Vergessens.
- kleine Belohnungen zur Anregung ihrer Selbststeuerung.
- Lernrituale, die ihre Kontrollmächtigkeit stärken.

Hoch begabte Kinder und ihre Bedürfnisse

Auch das hoch begabte Kind braucht Unterstützung.

„Deine träumerische und gleichgültige Haltung gegenüber allem, was wir hier zu lehren versuchen, untergräbt den Respekt der Klasse!“ soll ein Lehrer zum Schüler Albert Einstein gesagt haben. Und Thomas A. Edison beschreibt sein Schülerdasein folgendermaßen: „Ich war immer der Letzte in der Klasse. Ich hatte immer das Gefühl, dass mein Lehrer mich nicht mochte, und dass mein Vater meinte, ich sei dumm!“

Zwei Männer, die durch ihre geistige Leistung im Erwachsenenalter Weltgeschichte geschrieben haben – in der Schule verkannt? Die beiden scheinen es den Lehrern aber auch nicht leicht gemacht zu haben, ihre Talente zu erkennen. Ähnliche Fälle werden immer wieder geschildert und führen Eltern auch in die Schulberatung. Doch erst in letzter Zeit werden Eltern und Lehrer zunehmend aufmerksam auf die Nöte hoch begabter Kinder.

Hoch begabte Kinder in der schulpsychologischen Beratung

An ausgewählten Beispielen sollen im Folgenden die Nöte hoch begabter Kinder beschrieben und Hilfen für eine befriedigende Entwicklung vorgestellt werden.

Matthias ist ein Viertklässler, dessen Zeugnisse Durchschnittsleistungen aufweisen. Dennoch berichten sowohl die Eltern wie

Der „Underachiever"

der Lehrer, dass Matthias zuweilen „geniale Gedanken“ habe. Alle Bezugspersonen sind angesichts der starken Leistungsschwankungen sehr verunsichert, ob das Gymnasium die richtige Schule für den Jungen sein könnte. „Er tut halt nur das Nötigste für die Schule“, meint der Vater, „wirklich Ehrgeiz hat er nur am Computer!“ Bei der Intelligenztestung stellt sich heraus, dass Matthias weit überdurchschnittlich begabt ist, also die geistigen Voraussetzungen für einen „Einserschüler“ mitbringt. Was ihm fehlt, ist die Motivation, sich mit Themen zu beschäftigen, die ihn nur am Rande oder gar nicht interessieren.

Das Problem: abschalten und abdriften

Ein geringer Ehrgeiz für schulische Belange lässt sich bei besonders Begabten häufig beobachten: Da sie Neues sehr schnell auffassen und wenig Übung benötigen, um sich den Lernstoff anzueignen, driften in den langweiligen „Warteschleifen“ ihre Gedanken ab, sodass sie dann manches vom Unterricht nicht mitbekommen. Das Abschalten wird regelrecht zur Gewohnheit, die Leistungen sind bald nur noch mittelmäßig. Man spricht dann von so genannten „Minderleistern“ oder „Underachievers“. Lernpsychologen haben festgestellt, dass die Besten einer Klasse im Vergleich zu den Langsamsten lediglich ein Fünftel der Zeit zur Erreichung der Lernziele benötigen.

Starkes Engagement für eigene Interessen

Was aber interessiert Matthias wirklich? Der Computer ist für den Jungen die „Nummer Eins“ am Nachmittag. Stundenlang sitzt er konzentriert vor dieser Maschine und arbeitet Programme durch, die sein Wissen erweitern. Auch dies ist ein häufig anzutreffendes Phänomen: Hoch begabte Kinder bringen es in selbst gewählten Spezialthemen durch ihre Neugierde und ihren Wissensdurst oft zu Spitzenleistungen. So gibt es Kinderprofis auf historischem Gebiet, in der Biologie und Botanik oder im Schachspiel und heutzutage auch im Umgang mit dem Computer. Diese Fixierung auf ein Sachgebiet

lässt das hoch begabte Kind aber oft sozial vereinsamen. Wenn Freunde oder Klassenkameraden das Interesse nicht teilen, verzichten diese Kinder lieber auf den Kontakt mit ihnen. Dasselbe trifft bereits im Kindergartenalter für die eigenen Spielaktivitäten zu. Hoch begabte Kinder sind oft isolierte, ernste und einsame Kinder.

Für Kinder wie Matthias ist ein frühes anspruchsvolles Lernangebot wichtig, bevor es zu Langeweile in der Schule kommt. Hoch begabte Kinder lernen besonders gut, wenn sie selbstständig arbeiten können und dabei ihrem eigenen Programm folgen: sich selbst Inhalte erarbeiten, Zusammenhänge selbst handelnd entdecken. Auch das Überspringen einer Klasse könnte eine angemessene Hilfe sein. Doch hier muss vor allzu großer Hoffnung gewarnt werden. Langzeitstudien zeigen, dass Kinder wie Matthias zwar einen enormen Einsatz bringen, um den aufzuholenden Stoff nachzuarbeiten, dass aber, wenn sich an ihrer Lerndisziplin nichts ändert, im Alltag keine langfristige Verbesserung ihrer Anstrengungsbereitschaft zu beobachten ist. Was Matthias braucht, ist ständige „Höchstforderung“ mit hohem Belohnungsanreiz. Die Angebote des Gymnasiums schließlich, verbunden mit einer intensiven Lernberatung, stellten für Matthias einen solchen Anreiz dar.

Das hoch begabte Mobbing-Opfer

Thomas besucht die dritte Klasse einer Grundschule und wird beim schulpsychologischen Dienst angemeldet, weil er auf dem Heimweg seit Wochen von seinen Klassenkameraden verprügelt wird, und er schließlich beim Verlassen des Hauses beinahe in einen Haufen roher Eier getreten wäre. Thomas ist ein hoch begabtes Kind, das in seiner Klasse inzwischen die Außenseiterrolle trägt und regelrecht gemobbt wird. Seine Nachmittage verbringt er am Computer, und er hat sich dabei ein beachtliches Spezialwissen über die ägyptische Kultur angeeignet. Der Computer ist ein ungefährlicher Freund, der verlässlich auf seine Interessen antwortet.

Eine Möglichkeit: Schulwechsel und Überspringen

Thomas konnte nur durch einen Schulwechsel und ein Überspringen der Klasse geholfen werden. In der neuen Klasse fand er einen Freund, mit dem er nun im Internet surft und per E-Mail fachsimpelt. Begleitend besucht er inzwischen eine heilpädagogische Jungengruppe, um seine sozialen Fähigkeiten weiterzuentwickeln.

Wenn das Kind bei der Einschulung schon lesen und rechnen kann

Bei der Einschulung macht die Mutter die Lehrerin darauf aufmerksam, dass ihre Tochter Sabine bereits flüssig lesen und die Buchstaben schreiben könne, allerdings manchmal in etwas eigenwilliger Form. Auch die Grundrechenarten hätte sie sich bereits selbst beigebracht, indem sie unermüdlich bei den Erwachsenen und der großen Schwester nachfragte.

Um Sabine angemessen zu fordern, durfte sie im Erstunterricht als „Lehrerin" längere Texte sowie die Arbeitsaufträge auf den Blättern vorlesen, und sie wurde als Tutorin für ihre langsamere Banknachbarin eingesetzt.

Sabine machte der Unterricht großen Spaß, und sie entwickelte sich zur ehrgeizigen, beständigen Klassenbesten. Aufgrund ihres heiteren, gewinnenden Wesens war sie bald eine von allen anerkannte Klassensprecherin. Sie akzeptierte auch, dass sie sehr viel weniger aufgerufen werden konnte als die Mitschüler, um auch ihnen die Möglichkeit zu geben, ihr Wissen zu zeigen. Sabine akzeptierte die in vielen Gesprächen vorgetragene Argumentation der Lehrerin, sie war sich außerdem der Anerkennung ihrer Umgebung sicher und konnte deshalb solche Frustrationen ertragen.

In der vierten Klasse machte Sabine durch beachtenswerte Erfolge in Schachturnieren auf sich aufmerksam. In der siebten Klasse des Gymnasiums berichtete die Presse wegen dieser Leistungen von der Verleihung eines Bürgerpreises an das Mädchen, ein Jahr später war sie Deutsche Meisterin. Sabine war zu diesem Zeitpunkt eine Schülerin mit ausgezeichneten Leistungen, die ein von den Lehrern angetragenes Überspringen einer Jahrgangsstufe abgelehnt hatte ebenso wie den Besuch einer Spezialklasse für hoch begabte Schüler in der nahe gelegenen Großstadt.

Ihr waren das Aufgehobensein in der Klassengemeinschaft in ihrer Umgebung ebenso wie ihr Hobby und viele andere

Dinge wichtiger, als schneller mehr zu lernen. Sabine wollte in Ruhe und ohne viel Aufwand ihre breiten Talente in gute Leistungen umsetzen, sei dies nun in der Schule oder in ihrer Freizeit.

Sabines Weg zeigt, dass so manches gut begabte Kind sein Selbstwertgefühl stärkt, indem es die flankierenden Angebote von Eltern und Schule aufgreift und sie als Spitzenreiter zu hohem Können entwickelt.

Zusatzangebote beugen Unterforderung vor.

Wo finden Eltern und Lehrer Angebote für hoch begabte Kinder?

Es sind zum einen die Elternverbände für hoch begabte Kinder, die es als ihre Aufgabe ansehen, diese Kinder zu fördern und einen Erfahrungsaustausch unter den Eltern zu ermöglichen, zum anderen aber auch Universitäten, die sich im Rahmen von Forschungsprojekten um Angebote bemühen.

Ein Vorteil dieser an Wochenenden oder in den Ferien stattfindenden Kurse ist es, dass sich Kinder mit gleichen Interessen und ähnlicher Leistungsfähigkeit treffen, ein Manko, dass diese Treffen in der Regel wegen der großen Entfernungen meist keine dauerhaften Kontakte ermöglichen.

So suchen Eltern meist nach Zusatzangeboten in der näheren Umgebung, im Sportverein, in der Ballett-, Musik- oder Kunstschule, in der Volkshochschule, im Schachklub oder in Gemeinschaften, in denen ihr Kind Verantwortung übernehmen kann: bei den Pfadfindern oder in einer Jugendgruppe. Im Zentrum jeder Suche müssen jedoch immer die Interessen des hoch begabten Kindes stehen.

Die Diskrepanz zwischen kognitiver und emotionaler Entwicklung

Besonders groß ist die Not von Kindern, die Persönlichkeitsanteile zeigen, in denen sie ihre Altersgleichen bei weitem übertreffen, aber auch solche, in denen sie in ihrer Entwicklung verzögert sind.

Felix, ein Kind mit „zwei Gesichtern"

Felix wird bereits als Kindergartenkind bei der Beratungsstelle vorgestellt. Seine Eltern erleben ihren Sohn als besonders „helle" und beabsichtigen deshalb, Felix vorzeitig einzuschulen. Die Erzieherin hingegen betont seine fehlende soziale und emotionale Reife, seine Unlust bei Bastelarbeiten, und sie schlägt bei dem Gedanken an die Schule im wahrsten Sinne des Wortes die Hände über dem Kopf zusammen.

Unterforderung in intellektueller oder Überforderung in emotionaler Hinsicht – vor diese Alternative führen manche Entscheidungen.

Die psychologische Diagnostik zeichnet schließlich ein Kind mit zwei Gesichtern: Eine weit überdurchschnittliche Begabung in allen intellektuellen Bereichen, aber eine sehr verzögerte Entwicklung sowohl in der Feinmotorik wie in der emotionalen Fähigkeit, eigene Bedürfnisse aufzuschieben, auf Anweisungen zu hören und diese umzusetzen.

Kinder wie Felix mit einer unausgewogenen Entwicklung ihrer Persönlichkeit machen es Erziehern, Lehrern und Beratern besonders schwer, ihre Fähigkeiten einzuschätzen und den richtigen Weg für sie zu finden. Was die Prognose des Schulerfolges anbelangt, so ist zu erwarten, dass Felix in geistiger Hinsicht unterfordert ist, er jedoch große Probleme beim Schreibenlernen und bei der Erledigung schulischer Arbeiten sowie beim Durchstehen des Unterrichtsvormittags erfahren wird.

Felix gerät dann in eine große Verwirrung, was Fragen anbelangt, die seine Identität betreffen: Was kann ich? Was hält meine Lehrerin von mir? Wie sehen mich die anderen? Was interessiert mich wirklich?

Die eigene Verwirrung ebenso wie die realen Frustrationen werden vermutlich dazu führen, dass Felix sich vom Lernfeld Schule verabschiedet.

Die einfache Schlussfolgerung, dass eine vorzeitige Einschulung bzw. ein Überspringen der Klasse das Allheilmittel für hoch begabte Kinder ist, erweist sich daher am Beispiel von Felix als falsch.

Wie für alle hoch begabten Kinder muss auch für Felix ein differenziertes Förderangebot gefunden werden. Felix hatte Glück: Er wurde eingeschult und kam in eine Klasse mit 20 Kindern, die von einer Lehrerin geführt wurde, welche den Jungen als Herausforderung sah und sich auf eine begleitende Beratung einließ. Gleichzeitig erhielt Felix Hilfe für seine feinmotorischen Probleme bei einer Ergotherapeutin. Und auch die Eltern des Jungen wünschten im Rahmen der Erziehungsberatung begleitende Gespräche.

Grundsätze für das Hilfeprogramm

Die beschriebenen Beispiele hoch begabter Kinder haben gezeigt, dass für jedes Kind ein differenzierter Hilfeplan ausgearbeitet werden muss. Grundsätzlich gibt es jedoch zwei Wege, die manchmal einzeln beschritten, meist aber kombiniert werden müssen:

Akzeleration (beschleunigtes Lernen) und Enrichment (zusätzliche Förderangebote) sind wichtige Maßnahmen für hoch begabte Kinder.

Akzeleration beim Durchlaufen des Schulprogramms

Durch eine vorzeitige Einschulung oder das Überspringen von Klassenstufen (Akzeleration) wird versucht, dem Kind ein geistig anspruchsvolleres Schulangebot zu machen. Durch „Enrichment"-Programme wird zusätzlich versucht, dem hoch begabten Schüler ein individuelleres, anspruchsvolleres Lehrangebot in der Schule zu ermöglichen.

Anreicherung der Freizeitangebote
Das Kind erhält für die Zeit „neben der Schule" individuell ausgewählte Anregungen, seine Begabung zu entwickeln. Hierzu zählen alle Kurse, die von Einrichtungen wie Universitäten, Schulen oder Elternverbänden für hoch begabte Kinder organisiert werden. Aber auch Computerkurse und -programme, die zum Denken herausfordern und das Wissen erweitern, das Erlernen eines Musikinstruments ebenso wie Angebote aus dem Wohnumfeld gehören zu solchen Zusatzangeboten.

Immer wichtiger wird heute auch die Beratung der Lehrer, um einerseits das Verständnis für hoch begabte Kinder zu wecken, andererseits aber auch Hilfen zur Differenzierung zu geben, damit die Grundschule auch für das hoch begabte Kind zu einem förderlichen Ort werden kann.

Was Kinder brauchen

Hoch begabte Kinder im Grundschulalter brauchen Verständnis für ihre besonderen Bedürfnisse und differenzierte Angebote, um ihre Neugierde und ihre Interessen zu „füttern" sowie Defizite ausgleichen zu können.

Kinder wollen:

- Anerkennung und Zeit für ihre Interessen, die sie mit großem Engagement verfolgen sowie für ihre ungewöhnlichen und kreativen Lösungswege.
- differenzierte Unterrichtsangebote, die auf ihren Kenntnisstand Rücksicht nehmen und ihren Vorsprung zur Bereicherung für die Klasse einsetzen.
- eine an ihren Vorlieben und Bedürfnissen ausgerichtete Bereicherung ihrer Freizeitaktivitäten.
- ausgewogene Hilfen für ihre kognitive wie emotionale Entwicklung.

Die Welt neben der Schule bewohnbar machen

Für den Schulerfolg des Kindes spielt die familiäre und soziale Umgebung eine wesentliche Rolle. Es genügt nicht, nur auf gute Lernbedingungen zu achten, sondern das Kind muss sich in seinem privaten Umfeld wohl fühlen und geborgen sein.

Meine Kinder, deine Kinder, unsere Kinder

Das ganz normale Chaos in der Familie von heute bewältigen – das kostet Kinder und Erwachsene oft viel Kraft.

„Du hast mir überhaupt nichts zu sagen, du Säufer! Du bist ja nicht mein Vater!", entgegnet die elfjährige Jessica auf das Verbot ihres Stiefvaters, abends mit ihrer Freundin auf das Frühlingsfest gehen zu dürfen. Und die neue Lebenspartnerin eines anderen Vaters beklagt sich in der Beratung, dass der achtjährige Michael aus der geschiedenen Ehe ihres Partners jedes Wochenende bei ihnen verbringt und ihre siebenjährige Tochter mit ihm ihr Zimmer teilen muss. „Alles dreht sich nur noch um Michael!", meint sie wütend, „dabei strenge ich mich so an, dass niemand zu kurz kommt. Bei Michael eigentlich noch mehr als bei meiner eigenen Tochter", fügt sie leise hinzu.

Mehr als die Hälfte der Erwachsenen, deren Ehen zu Bruch gingen, heiraten wieder oder ziehen mit neuen Partnern zusammen. Von dieser Situation sind viele Kinder betroffen. Man spricht heute von Patchwork-Familien, also zusammengesetzten Familien, und da gibt es viele Varianten. Zwar ist in Deutschland die traditionelle Familie immer noch das häufigste Modell, doch nähern wir uns vermutlich irgendwann amerikanischen Verhältnissen an, in denen viele Kinder im Laufe ihres Heranwachsens den zweimaligen Partnerwechsel der Eltern erleben. Eltern wollen die veränderte Situation so gut wie möglich meistern, und Lehrer und Lehrerinnen hören von diesen Veränderungen in ihren Sprechstunden und müssen versuchen, die Eltern in den Belangen der Schule zu beraten. Um auf diese veränderte familiäre Situation angemessen zu reagieren, sollte man wissen, auf welchen Strukturen das „normale" Zusammenleben aufbaut, um abweichende Bedingungen und daraus entstehende Probleme auffangen zu können.

Um deutlich zu machen, was in Zweitfamilien anders ist, sollen daher zunächst die Ebenen der Normalfamilie beschrieben werden – das normale Familienhaus; davon ausgehend wird beschrieben, was sich verändert, wenn andere Menschen in den verschiedenen Zimmern Einzug halten.

Das Familienhaus – ein Modell für das Zusammenleben

Beginnen wir mit einer Führung durch das Familienhaus. Dieses Haus ist ein Modell, das die vielen Einflüsse deutlich machen soll, die in einer Familie auf ihre Mitglieder wechselseitig einwirken und sich manchmal ganz schön aufschaukeln können. Da gibt es Stockwerke und Zimmer mit ihren Bewohnern, und es gibt Treppen und Türen, die man auf- oder zumachen kann.

Die Dachzimmer – Räume für die Interessen der Erwachsenen

Dicht unterm Dach gibt es zwei Zimmer, eines für ihn und eines für sie. Es ist ein Ort zum Sich-Zurückziehen und zum Auftanken. Aus diesen beiden Zimmern fließt schließlich die Kraft, fließen Ruhe und Zuversicht, um das ganz normale Chaos im Familienleben zu meistern und die friedlichen Stunden zu genießen. Dieses Zimmer ist aber auch voller Erinnerungen aus der eigenen Lebensgeschichte. Im Laufe der Jahre kommen die guten und die schmerzlichen Ereignisse in der Familie dazu: zum Beispiel Freude über die Geburt eines Kindes, aber auch die Trauer, wenn ein Kind große Mühe hat, die Anforderungen der Schule zu bewältigen, und Zukunftsträume begraben werden müssen.

Frau J. ist eine attraktive blonde Frau, die wegen Schulschwierigkeiten ihrer achtjährigen Tochter in die Beratung kommt. Sie wirkt müde und erschöpft und auch depressiv. Als sich die Psychologin mit einer Metapher einzufühlen versucht: „Ihr goldener Ball ist in den Brunnen gefallen", beginnt sie zu weinen. Sie habe bei ihrer Heirat ihren Beruf als Krankengymnastin aufge-

geben und nur noch für ihren Mann und die Familie gelebt. Da ihr Mann in verantwortungsvoller Position „rund um die Uhr" beschäftigt sei, erwarte ihre Schwiegerfamilie diesen Einsatz von ihr. Und nun Sarahs Versagen in der Schule, das sie als ihr eigenes wertet! Aktivitäten, die die Seele von Frau J. nähren, finden sich nicht mehr. Das Dachzimmer ist leer.

Es ist eindeutig: Eine schulpsychologische Hilfe für die Tochter muss hier vor allem Hilfe für die Familie sein.

Wer beim Beziehen des Familienhauses aus „Liebe" sein ganzes Glück nur in der Gemeinsamkeit mit den anderen sucht, wird eines Tages schmerzlich feststellen, dass er müde und ohne Energie ist, weil dieses Dachzimmer zu selten bewohnt wurde. Umgekehrt wird, wer dieses Dachzimmer zu einer Festung mit verschlossenen Türen ausbaut, wenig spüren vom Glück der Lebendigkeit des ganzen Hauses.

Immer gilt es, Kompromisse zu finden zwischen den eigenen Interessen und denen der Mitbewohner. Ein gemütliches Dachzimmer ist die Garantie, Partner und Kinder nicht als Glücksbringer zu missbrauchen.

Das Paarzimmer – ein Raum für Liebe, Eros und Gespräche

Das Zimmer für das Paar ist das wichtigste im Haus, es ist sozusagen ein Bollwerk gegen Probleme und Verstrickungen. Hier liegen in Schubladen die Erinnerungen an den Rausch des Sich-Ineinander-Verliebens aufbewahrt. Und es ist gut, diese immer mal wieder zu öffnen und an ihrem Duft zu riechen. Nach Jahren des Zusammenlebens ist im günstigsten Fall die Seligkeit von einst der Achtung auch der weniger attraktiven Seiten des Partners gewichen. Deshalb ist die Pflege des Paarzimmers so wichtig, denn hier darf vor allem das Gemeinsame wachsen: Lebensentwürfe, Kinderpläne, Berufspläne, Reisepläne. Hier redet man miteinander, hier fliegt auch mal eine Vase an die Wand, hier genießt man die Intimität des gemeinsamen Bettes. Auch für die Mitbewohner des Familienhauses ist es wichtig, dass das Paarzimmer bewohnt ist. Ein leeres Paarzimmer ist eine ungeheure Belastung für die anderen Stockwerke, vornehmlich für die Kinderetage. Vom Partner unbefriedigte Eltern können auf dem Elternstockwerk oft nicht gemeinsam funktionieren, und sie tragen ihre Sehnsüchte in die Kinderetage, wo die Kinder sie erfüllen müssen.

Das Elternzimmer – ein Raum zum Praktizieren der Elternrolle

Im Elternstockwerk erfüllen die Erwachsenen ihre Elternaufgabe: Sie geben ihrem Kind verlässlichen Schutz und Sicherheit ebenso wie Orientierung, das heißt, sie zeigen ihm, wie man das Leben bewältigt. Dabei darf aus dem sicheren Ort kein Gefängnis werden, und das Kind braucht auch nicht die ständige Anwesenheit und Geleitworte der Eltern. Diese achten darauf, sich abzusprechen, damit das Kind weiß, welche Regeln gelten, und nicht auf die Idee kommt, die Eltern gegeneinander auszuspielen.

Vor allem aber unterstützen die Eltern das Kind, seine Entwicklungsaufgaben zu meistern. In diesem Zimmer gibt es Eltern, die darauf achten, die Kinder nicht mit ihren eigenen Schwierigkeiten zu belasten: „Dein Vater liebt mich nicht mehr. Jetzt müssen wir zwei gut zusammenstehen!" Sie dürfen auch nicht die unbewusste Botschaft vermitteln: „Mach uns viele Sorgen in der Schule, dann können wir uns darüber den Kopf zerbrechen und müssen das Paarzimmer nicht mehr bewohnen!"

Das Elternzimmer ist ein Zimmer auf Zeit, irgendwann ist es verwaist und kann geschlossen werden.

Das oder die Kinderzimmer – ein Raum, das Leben kennen zu lernen

Im Erdgeschoss, wo die Kinderzimmer liegen, entwickeln wir Menschen einen Wunsch, der uns ein Leben lang begleitet: Es soll alles in Ordnung sein und sich gut anfühlen in der Umgebung. Kinder haben tausend Antennen dafür, ob es in den Stockwerken über ihnen „stimmt". Und sie tun alles, damit das gute Gefühl sich einstellt, obwohl sie weder für das Glück noch für das Elend der Eltern dort oben verantwortlich sind. Kinder sind existenziell von ihren Eltern abhängig, niemand liebt deshalb so bedingungslos wie Kinder. Die entwicklungsförderlichste Nachricht, die ein Kind aus den oberen Stockwerken empfangen kann, lautet: „Du bist liebenswert und völlig richtig. Wir machen unseren Kram da oben alleine, du brauchst nichts für uns tun."

Wenn alles gut geht, gibt es zwei Dachzimmer, in denen die Erwachsenen Kraft schöpfen und ihr eigenes Leben gestalten, ein Paarzimmer, in welchem diese Menschen mit Kopf, Herz und ihrem Leib eine Beziehung leben, die lebendig und ihnen wichtig ist. So gestärkt, können diese beiden Menschen auf der Elternetage ihren Kindern für eine befristete Zeit eine sichere Startrampe geben und ihnen zeigen, wie man lebt. Die Kinder im Erdgeschoss können in einem solchen Haus beschützt ihr Kinderleben auskosten und sich die Welt Schritt für Schritt erobern.

Die Patchwork-Familie

Kommt eine neue Person in die Familie, gerät das gesamte Gefüge erst einmal durcheinander.

Bei der Gründung einer neuen Lebensgemeinschaft ziehen in manche Räume andere Menschen ein. Im Dachgeschoss sind Vater oder Mutter ausgezogen und das Zimmer wird von einer fremden Person mit einer völlig anderen Lebensgeschichte bezogen. Kinder haben zunächst große Schwierigkeiten, an der Seite des Vaters oder der Mutter nun einen anderen Menschen zu sehen. Für das Glück der Eltern sind sie ja nicht verantwortlich. Außerdem tragen sie noch lange das alte geliebte Bild ihrer zusammengehörigen Eltern im Herzen und wünschen sich, dass ihre Eltern wieder zusammenkommen.

Auch das Paarzimmer wird neu eingerichtet, und da die Partner sich meist in der hoffnungsvoll seligen ersten Phase ihrer Partnerschaft befinden, geht es dort sehr lebendig zu. Allerdings setzen sich die beiden Erwachsenen oft gewaltig unter Druck.

Und das Elternzimmer? Hier ist die neue Konstellation besonders schwierig, wohnen doch nun nicht nur zwei, sondern mehrere Personen in diesem Zimmer.

Rebeccas Eltern sind seit zwei Jahren geschieden, und die Mutter hat nun wieder geheiratet – Jürgen, dessen Tochter wiederum bei ihrer leiblichen Mutter lebt. Da gibt es nun auf der Elternetage Rebeccas leiblichen Vater, der zwar nicht mehr im Dachgeschoss wohnt, aber immer Rebeccas Vater bleibt und im Elternzimmer wohnen darf, und es gibt Jürgen, ihren Ziehvater, der nun seine Frau bei der Erziehung von Rebecca unterstützt, was für Rebecca zunächst verwirrend ist. Und wenn Jürgens Tochter Bérénice zu Besuch kommt, dann wird ein neues Kinderzimmer bezogen. Rebeccas Mutter ist für kurze Zeit Stiefmutter und Mutter zugleich. In einer solchen zusammengesetzten Familie ist nichts selbstverständlich, und alles muss ständig verhandelt werden.

Wenn eine Partnerschaft gescheitert ist und eine neue Verbindung beginnt, haben zumindest die Erwachsenen den sehnlichen Wunsch, es möge alles neu und alles gut werden. Man will keine Fehler mehr machen, ist zu hohem Einsatz bereit, und ein wunderbares Glück soll beginnen. Was macht einen solchen Neuanfang so schwierig?

Alle oder manche der Beteiligten sind sehr verletzt. Sie tragen die Wunde des Verlassenwerdens oder die Schuldgefühle des Verlassens. Unausgesprochen wollen sie vom neuen Partner Wiedergutmachung und Erlösung von den alten Leiden.

Damit das Haus ein festes Familienhaus bleibt, in dem alle wachsen können, ist es wichtig, die Fallen zu kennen, die im Haus nun ausgelegt sind.

Diese Ansprüche versuchen die Betroffenen unter demselben Druck des „Gut-Werdens“ oft bis zur Erschöpfung zu erfüllen. „Ich wollte unbedingt eine gute Mutter für Sören sein und alles heilen, was seine Mutter verbrochen hat. Außerdem erwartet das mein Mann von mir. Dafür werde ich geliebt“, meint eine Stiefmutter in der Beratung. Solche Anstrengungen machen es schwer, den Kindern Orientierung zu geben und Grenzen zu setzen.

In schwierigen Zeiten fällt das neue Familienhaus zuweilen buchstäblich zusammen. Die Erwachsenen besinnen sich darauf, dass die Kinder das verlässlichste Gut in ihrem Leben sind, und sie lassen diesen eigenen Kindern kein Haar krümmen. „Wenn wir unterschiedlicher Meinung sind, dann schnappt sich zur Verstärkung jeder sein Kind“, meint ein Vater bei der Besprechung der Schulschwierigkeiten seines zehnjährigen Sohnes. Noch schlimmer wird es, wenn die leiblichen Kinder als Kampfobjekte für die eigene Aufwertung benutzt werden, wobei auch hier der Erfolg in der Schule eine große Rolle spielen kann. Dann geht ein Riss senkrecht durch das Familienhaus.

Goldene Regeln für das Zusammenleben in der Patchwork-Familie

Definieren Sie Ihre Rolle genau und sprechen Sie mit dem Kind darüber: Es gibt zum Beispiel eine Geburtsmama und eine Pflegemama (der Begriff der Stiefmutter ist bei Kindern sehr negativ besetzt), beide sind wichtig und wollen gewürdigt und nicht aus dem Elternzimmer verbannt werden. Die Wertschätzung der leiblichen Eltern ist bedingungslos und richtet sich nicht nach ihren Handlungen. Setzen Sie den leiblichen Elternteil nie herunter oder verurteilen Sie ihn, das Kind muss als Folge Persönlichkeitsanteile in sich verurteilen. *Regel 1*

„Stefan ist einfach ein Raufbold!", berichtet die Lehrerin und meint damit seine ständigen Angriffe auf andere Kinder. Vor allem im Sport, wenn seine Mannschaft verliert, stürzt sich Stefan auf die Spieler der anderen Gruppe. Stefans Mutter hat sich vor drei Jahren von seinem Vater getrennt, weil dieser immer wieder betrunken nach Hause kam und Frau und Kinder schlug. Sie lässt kein gutes Haar an Stefans Vater und wertet ihn bei jeder Gelegenheit ab. Nur ihr neuer Lebenspartner gilt, er soll nun ein besserer Vater sein. In der Therapiestunde nimmt Stefan ein Kissen und wirft es auf eine kleine Puppenfigur, der er vorher die Rolle des Vaters zugewiesen hat. Wütend trampelt Stefan auf dem Kissen herum und brüllt: „Der sollte tot sein!" Stefan agiert in der Schule die Not seiner Identitätsentwicklung nach außen ab. Auch hier sind viele Gespräche mit der Mutter nötig, um das Familienhaus in Ordnung zu bringen.

Versuchen Sie nicht, die bessere Mutter oder der bessere Vater für Ihre Stiefkinder sein zu wollen, oder den fehlenden Elternteil zu ersetzen. Seien Sie nicht der perfekte, immer lächelnde Engel, der alle Wunden heilt, und dem man alles zumuten kann. Widerstehen Sie aber auch der Versuchung, ein- *Regel 2* fach eine gute Freundin oder ein guter Freund Ihres Stiefkindes zu sein. Damit käme das Kind in die oberen Stockwerke und wäre restlos überfordert.

Regel 3

Machen Sie die Regeln deutlich, die in Ihrem Familienhaus gelten, und handeln Sie konsequent danach. Kinder können sich durchaus an verschiedene Regeln in der neuen Familie des leiblichen Vaters und der leiblichen Mutter gewöhnen, wenn sie zwischen beiden Familien pendeln. Wichtig ist nur, dass die Regeln verlässlich gelten und nicht willkürlich verändert werden.

Regel 4

Lassen Sie sich von dem Organisationsaufwand in Ihrer neuen Familie nicht auffressen. Sie brauchen Raum und Zeit, um als Paar wachsen zu können. Den Kindern ist es lieber, wenn Sie Ihr Paarzimmer auch nützen, als dass Sie sich ständig mit ihnen beschäftigen.

Regel 5

Transparenz und Offenheit ist das Lebenselixier für alle Beziehungen. Dieser Satz gilt besonders in Patchwork-Familien, wo nichts selbstverständlich ist und alles neu ausgehandelt werden muss. Sprechen Sie miteinander, und finden Sie heraus, wie die innere Welt Ihres neuen Partners und Ihres neuen Kindes aussieht, egal ob es in Ihrem Familienhaus lebt oder nur zu Besuch kommt.

Regel 6

Achten Sie bei der Einschulung darauf, dass Stiefgeschwister im gleichem Alter niemals in dieselbe Klasse gehen, auch wenn das beim Anfertigen der Hausaufgaben eine Hilfe sein könnte.

Tun Sie das alles im Wissen darum, dass Kinder aus Patchwork-Familien oft selbstständiger und flexibler sind als Kinder aus „Normalfamilien“.

Wenn Kinder sagen: „Ich habe es eigentlich gut, um mich kümmern sich zwei Väter oder zwei Mütter und außerdem habe ich jetzt endlich eine Schwester“, dann haben Sie gewonnen.

Was Kinder brauchen

Kinder im Grundschulalter brauchen ein Familienhaus, in dem alle Zimmer besetzt sind. Sie brauchen ein Haus, in dem sie verlässlich Schutz erhalten, das ihnen aber auch beim Lebenlernen hilft.

In der Normalfamilie wollen Kinder:

- Eltern, die im Dach- und im Paarzimmer sich um sich selbst und ihre Beziehung als Paar kümmern.
- eine offene Kommunikation über Dinge im Familienhaus, die sie etwas angehen.
- nicht als Glücksbringer ihrer Eltern missbraucht werden, sondern bedingungslos geliebt werden.

In der Patchwork-Familie wollen Kinder außerdem:

- ihren Kummer über den Auszug von Vater oder Mutter ungestraft äußern können und Verständnis finden.
- ein respektvolles Miteinander von „Geburtseltern" und „Pflegeeltern" im Elternzimmer.

Geschwister oder die längste Beziehung im Leben

Fotos von Klaus und Karin am Meer beim Burgenbauen, Klaus ist neun Jahre, Karin zwei Jahre jünger: Klaus umarmt seine Schwester und küsst sie zärtlich.

Sie hassen und sie lieben sich – das gilt wohl für alle Geschwister.

Wer kennt sie nicht die Dokumente der Geschwisterliebe? Doch oft äußern sich Grundschulkinder ganz anders und meinen zum Thema „meine Schwester/mein Bruder" schlicht: „Sie sind manchmal sehr nett und manchmal ganz schön nervig." Mit dieser Äußerung erteilen Kinder dem Mythos von der Geschwisterliebe nüchtern eine Abfuhr.

Kämpfen um den besten Platz in Mamas oder Papas Herz

Geschwister sind in erster Linie Konkurrenten um die Gunst der Eltern. Im projektiven Test der „Familie in Tieren" begegnet einem die gehasste Schwester oder der nervige Bruder dann abgewertet als Schwein, Wurm oder Esel. Und wenn die alten Eltern sterben, wird bei der Verteilung des Erbes ein letztes Mal um die Gunst von Vater oder Mutter gerungen. Es hat den Anschein, als müssten Geschwister miteinander kämpfen, um einander auch lieben zu können, um das Gefühl von Zusammengehörigkeit auch zu spüren und zu genießen.

„Ich habe schon Angst, wenn Yvonne und Madeleine von der Schule heimkommen!", stöhnt eine Mutter beim Beratungsgespräch. „Dabei hatten wir uns alles so schön vorgestellt! Nur ein Jahr sind die Mädchen im Alter auseinander, und wir meinten, dass sie wunderbar miteinander spielen würden. Dabei streiten sie nur vom Aufstehen bis zum Ins-Bett-Gehen." Und jetzt, wo Yvonne in der dritten Klasse versagt und die Mutter viel mit ihr üben muss, ist alles noch schlimmer geworden. Madeleine fühlt sich zurückgesetzt und hämmert mit den Fäusten an die Tür des Arbeitszimmers, und Yvonne stürzt sich auf Madeleines Freundinnen, kaum dass sie die Wohnung betreten haben. Im Test verzaubert sie ihre Schwester in eine Stechmücke, weil die so nervt.

Geschwisterrivalität ist naturgegeben und unausweichlich. Sie ist dort am größten, wo die Geschwister in Geschlecht und Alter sehr nah beieinander sind.

So mühsam der ständige Konkurrenzkampf auch ist, so hat er doch seine wichtigen entwicklungsförderlichen Aspekte.

Geschwisterrivalität, eine Hilfe zum „Lebenlernen“

Die Konkurrenz mit Bruder oder Schwester ist in vielen Lebensbereichen hilfreich:

Im Kampf mit den Geschwistern geht es – anders als im Streit mit den Eltern – um eine Auseinandersetzung zwischen Gleichen. Der Zank findet im Familienhaus sozusagen auf derselben Etage statt. Wenn am Frühstückstisch bereits die Fetzen fliegen, nur weil die Cornflakes näher bei Fred als bei Toni stehen, so tun beide doch etwas Sinnvolles: Sie probieren sich aus, erleben Grenzen, spüren, wann eine Attacke wirklich wehtut. Sie nehmen ihren Hass als sehr lebendiges Gefühl wahr und lernen doch, dass sie nicht handeln dürfen, wie sie wollen. Außerdem erfahren Fred und Toni, dass es meist besser ist, Kompromisse zu schließen, anstatt den eigenen Standpunkt durchzusetzen oder zu schmollen. Und sie machen die Erfahrung, dass Zank langweilig sein kann, weil man sich um den Spaß betrogen hat, den man miteinander hätte haben können.

Die eigenen Aggressionen ausprobieren

Damit die Eltern einen wahrnehmen, muss man sich vom Mitkonkurrenten unterscheiden. Geschwister sind auch deshalb oft unterschiedlich, weil sie sich bemühen, anders zu sein als Bruder oder Schwester. Oft suchen sie sich dazu eine Rolle, die einerseits ihren Neigungen entspricht, die andererseits aber in der Familie noch nicht besetzt ist. In dieser Nische richten sich die Kinder ein, werden sicherer und festigen ihre Identität.

Die eigene Rolle im Familienverband finden

Wie sieht das in der Praxis aus? Während der Älteste sich am liebsten hinter seinen Büchern verkriecht, glänzt der Jüngere mit seinen Freunden auf dem Fußballplatz. Schaut sich der eine im Fernsehen gerne Wissenschafts- und Natursendungen an, besteht der andere auf der Sportschau. Die Gründe dafür, dass aus dem einen ein Lehrer wird, aus dem anderen ein selbstständiger Kaufmann in Sachen Sportartikel, hat viel mit beider Rivalität um die Gunst der Eltern zu tun.

Und natürlich gibt es sie auch, die Geschwisterliebe: gemeinsam lachen, Diddle-Mäuse tauschen, die Körper wechselseitig im Doktorspiel untersuchen, den anderen auf dem Pausenhof verteidigen und jemanden haben, mit dem man Geheimnisse teilt. Auf dieser Basis von früh verinnerlichten Erfahrungen und Gemeinsamkeiten entwickelt sich ein Vertrauen, das sich in Lebenskrisen bewährt und alle späteren Beziehungen trägt.

Interessantes aus der Geschwisterforschung

Die Position in der Geschwisterreihe

Einer der bekanntesten Blickwinkel, unter denen die Beziehungen zwischen Brüdern und Schwestern betrachtet werden können, ist die Geburtsfolge. Welchen Einfluss hat die Stellung des Kindes in der Geschwisterreihe auf die Persönlichkeit, den Schulerfolg, die Partnerwahl?

Die Geschwisterposition ist Teil unseres Marschgepäcks, das die Art und Weise bestimmt, wie wir unsere Lebenswelt wahrnehmen und auf sie reagieren. Keine Position ist besser oder schlechter, jede bietet einfach andere Grundvoraussetzungen.

Die Erstgeborenen

Die Erstgeborenen hatten als Einzige die Eltern einmal ganz für sich allein und sind dann schmerzlich entthront worden. Aus diesem Grund identifizieren sie sich am meisten mit den Anforderungen der Eltern und sind bemüht, diese zu erfüllen. Sie sind ernsthafte Kinder, und ihre Eltern müssen Sorge tragen, sie nicht zu überfordern. Sie sind aber auch diejenigen, bei denen „alles“ zum ersten Mal passiert: Kindergartenbesuch, Schuleintritt, Übertritt in eine neue Schule. Sie bahnen den Weg für die Geschwister und sorgen nebenbei dafür, dass die Sicherheit ihrer Eltern wächst.

Die Jüngsten

Die Jüngsten profitieren einerseits von der gewachsenen Kompetenz ihrer Eltern, andererseits auch von ihrer gebündelten Liebe beim Abschied vom Elterndasein. Die Leichtig-

keit des Seins scheint den Nachgeborenen in die Wiege gelegt zu werden. Was den Erwerb der Sprache anbelangt, haben sie in ihren Geschwistern, vor allem in ihren älteren Schwestern, gute Modelle, allerdings kommen sie bei gemeinsamen Unternehmungen oder auch bei Tisch kaum zu Wort. So haben sie gelernt, diplomatisch und freundlich zu sein und sich als „Sonnenschein" einen Platz zu sichern. Wichtig ist, dass ihre Eltern sie nicht klein und kindlich halten, sondern ihre Fortschritte beachten. In bestimmten Geschwisterkonstellationen werden die Jüngsten auch zum Rebell im Familiensystem, eine Nische, die sonst vornehmlich das mittlere Kind besetzt.

Das Sandwich-Kind

Die mittleren Kinder gehören nirgendwo dazu. Bei Bedarf werden sie einmal zu den Großen gezählt: „Das kannst du doch schon!“, dann wieder gehören sie zu den Kleinen: „Dafür bist du noch zu jung, Friederike darf das auch nicht!“ So haben diese Kinder Probleme mit ihrer Identitätsentwicklung. Die Frage „Wer bin ich?“ spielt für sie eine große Rolle.

Sie brauchen Eltern, die ihnen einen eigenen Platz einräumen und ihnen Rückmeldung über ihre Fähigkeiten geben. Um eine wirklich herausragende Rolle im Familiensystem zu ergattern, suchen sie sich häufig die des Außenseiters oder des verzweifelten Rebellen.

Wie Eltern die Geschwisterbeziehungen behindern

Nur wenn die Geschwister frei sind von familiären Problemen der Eltern, können sich ihre Beziehungen konstruktiv entwickeln.

Mehr noch als der Platz in der Geschwisterreihe wirkt das komplexe Gefüge der Familienbeziehungen auf das untere Stockwerk im Familienhaus. Zunächst geht es darum, den Blick für ungünstiges Elternverhalten zu schärfen, um dann in einem zweiten Schritt Vorschläge für den Umgang mit den Geschwistern zu machen.

Wie bereits besprochen, wird es immer dann schwierig, wenn Kinder in die Probleme der Eltern einbezogen werden und gleichsam auf der Elternetage mitarbeiten müssen. Ein Kind, das zum Beispiel dem Vater die fehlende Zuneigung seiner Frau ersetzen oder das für die Anerkennung der Mutter gute Schulleistungen erbringen muss, kann seinen Standpunkt im Geschwisterkampf weder finden noch behaupten.

Und es hat auch wenig Energie, intime Kindererfahrungen mit seinem Bruder oder seiner Schwester zu teilen. Immer wenn Eltern mit ihren Ansprüchen und Wünschen respektlos die Barriere zur Kinderetage überschreiten, sind die Kinder in ihrem Zimmer bedroht statt geschützt.

Was Kinder brauchen

Geschwister im Grundschulalter brauchen einen sicheren Platz im Familienhaus. Sie müssen frei von den Problemen der Eltern heranwachsen können und in der Auseinandersetzung miteinander ihre eigenen Beziehungen aufbauen.

Kinder wollen:

- Eltern, die ihre Paarbeziehung nähren.
  Eine lebendige Paarbeziehung entlastet die Kinder und stärkt sie für ihr Geschwisterleben. Die Qualität der Elternbeziehung ist für die Beziehung der Geschwister entscheidender als die Position in der Geburtenfolge.
- die Botschaft hören: Du wirst geliebt, so wie du bist!
  Im Kinderzimmer hat man Anspruch, bedingungslos geliebt und in seiner Art angenommen zu werden. Hier muss man sich die Daseinsberechtigung nicht erst durch Arbeit für die Eltern erwerben. Machen Sie als Eltern deshalb niemals die Schulnoten zum Gradmesser Ihrer Liebe! Je mehr es Eltern gelingt, ihren Kindern die Erfahrung zu verschaffen, dass jedes Kind in seinem individuellen Wesen gesehen und gehört wird, umso weniger müssen Kinder um ihren Platz kämpfen. Mit dieser Botschaft im Herzen erleben Kinder die Geschwisterrivalität als weniger bedrohlich. Sie müssen den Mitbewerber um die elterliche Gunst nicht ausschalten, um zu überleben.
- Linderung für die Wunden der Entthronung.
  Die Ältesten haben die gemeinsame Erfahrung, die Elterngunst bei Ankunft eines Geschwisters teilen zu müssen. „Können wir das Baby nicht verkaufen?“ ist eine dieser bang-trotzigen Fragen, die von dieser Verletzung sprechen. Bis etwa zum Alter von elf Jahren kann es hilfreich sein, in einer stillen Stunde alte Fotoalben aus der Zeit, als der Älteste noch der Einzige war, hervorzuholen und mit ihm zu

betrachten. Das Kind erlebt noch einmal, wie sehr sich seine Eltern über seine Ankunft freuten, wie ihr ganzes Leben sich plötzlich um seine Person drehte. Es erfährt, welch wichtigen Platz es im Leben seiner Eltern einnimmt. Ein Hinweis auf die Vorteile eines solchen ersten Platzes „Ich bin richtig froh, dass du schon so groß bist ..." beendet dieses Ritual, das auch wiederholt werden kann.

- ihre Konflikte so lang wie möglich selbst regeln.
  Wenn Eltern sehr unter dem Geschwisterkampf leiden, hat das oft mit ihrer eigenen Angst vor Streit und Auseinandersetzung zu tun. Ihr Harmoniebedürfnis wird attackiert, und die Eltern fühlen sich als Versager. Unbestritten ist, dass jedes Kind in seinem Kinderzimmer Schutz von den Eltern bekommen muss. Jedoch ist es gut, nicht sofort einzugreifen und die Rolle des Schiedsrichters zu übernehmen. Ist man genervt vom Zank, kann man vermitteln, dass man den Kindern zutraut, ihren Konflikt selbst zu lösen: „Wenn ihr euren Streit um das Fernsehprogramm nicht schneller regeln könnt, dann bitte ich euch, das nicht neben mir auszutragen!" Natürlich kann man auch einmal Partei ergreifen oder ein Kind vor dem anderen schützen, aber ein solches Verhalten ist nur hilfreich, wenn es nicht ständig praktiziert wird, und wenn jedes Kind abwechselnd in den Genuss des elterlichen Schutzes kommt.

Wie Kinder medienkompetent werden

Der Fernseher im Kinderzimmer – in vielen Familien Realität.

Die Idylle von früher, als es einen Fernseher im Wohnzimmer gab, um den sich die Familie versammelte oder vor dem sie sich über das Programm stritt, gehört heute der Vergangenheit an. Viele Kinder haben einen eigenen Fernseher, manche sogar einen eigenen Videorecorder. In jedem dritten deutschen Kinderzimmer gibt es ein Zweit- oder Drittgerät. Das Vielsehen beginnt, wenn der Fernseher im eigenen Zimmer steht, denn Kinder mit einem eigenen Apparat sehen dreimal so viel fern als solche, die sich den Apparat teilen müssen. Zwar hat der eigene Computer bei Grundschülern noch nicht dieselbe Verbreitung gefunden wie der Fernsehapparat, doch auch er ist im Vormarsch.

Kinder schauen zu viel fern – keine Frage. Doch es ist ebenso falsch, die Medien für alle Schwierigkeiten unserer Kinder verantwortlich zu machen, wie es verkehrt ist, ihnen die Erziehung anzuvertrauen.

Fernsehen, Video und Computer können Kindern ebenso schaden wie nützen; das Ziel jeder Erziehung in diesem Bereich ist der Erwerb von Medienkompetenz.

Medienkompetenz – was ist das?

Medienkompetenz als Erziehungsziel ist die Fähigkeit, den Fernsehapparat, das Videogerät und den Computer zu benutzen, um die kindliche Neugierde zu befriedigen, die kindliche Weltsicht zu erweitern oder auch Gelerntes zu festigen, und nicht zuletzt Spaß zu haben. Dazu müssen Fernsehprogramme studiert, zeitversetzte Handlungsstränge im Film erkannt und miteinander in Beziehung gesetzt, Strategien von Spielen umgesetzt werden, und es ist notwendig, immer den Bezug zum eigenen Erleben herzustellen. Zwischen dem Selbst des Kindes und dem Medienangebot besteht eine feste Brücke und ein intensiver Kontakt und Austausch. Ein anderer Bereich der Medienkompetenz liegt in der Einschätzung der ständigen Programmunterbrechungen durch die Werbung. Kinder müssen wissen, dass die Werbung Teil unserer Kon-

Keinesfalls darf es so weit kommen, dass die Medien das Kinderleben regieren.

sumgesellschaft ist und die Werbespots nicht die reale Welt wiedergeben, sondern Wünsche wecken sollen, damit wir alle meinen, die wunderbaren Dinge kaufen zu müssen.

Ob ein Kind bereits über Medienkompetenz verfügt und wie diese erkennbar wird, zeigt folgendes Beispiel:

Alex und Michael, beide sieben Jahre alt, sind Freunde. Es ist ein trüber Nachmittag, und sie sitzen vor dem Fernsehapparat. Michael schaut ruhig und gesammelt den Film an, manchmal kommentiert er eine Szene. Alex dagegen blättert in einem Comic und blickt dazwischen eher gelangweilt auf die Bilder am Medienschirm. Immer mal wieder greift Alex zur Fernbedienung und versucht durch Umschalten der Langeweile zu entkommen unter größtem Protest von Michael, der dadurch aus der Intensität seines Erlebens gerissen wird.

Es ist eindeutig! Während bei dem einen Jungen eigene geistige Prozesse in Gang gesetzt werden, er das Gesehene mit seiner Erfahrung verknüpft und sich in die Figuren einfühlt, lässt der andere den Film unbeteiligt über sich ergehen.

Wie wird man ein Medienexperte?

Nur durch Anleitung der Eltern können Kinder den sinnvollen Umgang mit den Medien lernen.

Vom Fernsehen ebenso wie von den Computerspielen können Kinder nicht genug bekommen. Doch Medienkompetenz oder den Gewinn bringenden Umgang mit den Medien erwirbt man als Kind nicht durch häufiges Fernsehen oder exzessives Computerspielen, sondern nur durch die Anleitung der Eltern und Lehrer. Beim Aufbau dieser Fähigkeit braucht das Kind in erster Linie Eltern, die ihm Vorbild sind. Und wann kann diese Medienerziehung beginnen? Man kann davon ausgehen, dass Kindergartenkinder zwar fasziniert die vorbeifließenden Bilder betrachten, das Geschehen jedoch weder verknüpfen noch in bereits Bekanntes einordnen können. Nur am Computer können bereits Dreijährige durch Maus und Joystick die sehr einfach gehaltenen Programme bedienen, ohne jedoch viel dabei zu lernen. Den entwicklungsförderlichen Umgang mit den Bildern kann man also erst im Grundschulalter erwerben. Vorher geht es in der Erziehung eher darum, das Kind vor den Bildern zu bewahren. Ein immer größeres Angebot jedoch verführt zu immer höherem und früherem Konsum.

Kehren wir zurück zu Michael und Alex, um noch einmal einen Blick auf die Auswirkungen erworbener oder fehlender Medienkompetenz zu werfen. Während Michael deutlich anzumerken ist, dass er nach dem Fernsehgenuss eigentlich über den Film sprechen möchte, verschwindet das Gesehene bei Alex alsbald im Fluss des Erlebens. Die Fähigkeit, Erfahrenes zu durchdenken, und damit auch die Fähigkeit zu konzentriertem Tun, ist jedoch eine wichtige Voraussetzung zum Beispiel für das Lernen in der Schule. Durch fehlende Anleitung und einen achtlosen Umgang mit den Medien haben Kinder wenig Gelegenheit, ihre Konzentrationsfähigkeit zu schulen. Sie lernen vielmehr, dass es sich eigentlich nicht lohnt, intensiven Kontakt mit einer Sache aufzunehmen. Kein Wunder, dass Lehrer vor allem am Montag ihre in der Medienwelt am Wochenende häufig allein gelassenen Schüler kaum dazu bewegen können, sich gesammelt dem Schulstoff zuzuwenden.

Was ist bei den einzelnen Medien zu beachten?

Nicht die Medien an sich sind schädlich, sondern es gibt nur einen schädlichen Umgang mit ihnen. Einen sehr ungünstigen Start haben Kinder, die in Familien aufwachsen, in denen der Fernsehapparat die ständige Geräuschkulisse bildet, wo viel ferngesehen und wenig miteinander geredet wird. Auf diese Kinder hat die Anleitung zur Passivität starke Auswirkungen, und die Inhalte erreichen sie ungefiltert. Wie sehen die Folgen aus?

Fernsehen und Video – negative Auswirkungen

Die innere Leere wächst.
Ist das Kind vor dem Apparat allein gelassen oder sieht es nur im Kreise von Gleichaltrigen fern, verkümmert die Fähigkeit, neugierig zu sein und sich selbst etwas auszudenken. Das Kind verlernt, wie man einen freien Tag einteilt und die Stunden selbst gestaltet. Die Langeweile ist schließlich zum Gewohnheitsgefühl geworden, und bei „Entzug" zeigt das Kind alle Anzeichen süchtiger Menschen.

Frustrationen können nicht ertragen werden.
Bei wahllosem Mediengebrauch verlernt das Kind, beschwerliche Tätigkeiten und bedrückende Befindlichkeiten zu ertragen und Bedürfnisse aufzuschieben. Für schulisches Lernen, das oft Anstrengung und Überwindung kostet, ist es schlecht gerüstet.

Soziale Fähigkeiten verkümmern.
Wie steht es um die Inhalte der Sendungen? Viele Filme werden dominiert von Sensation, Sex und Gewalt. Diese Einflüsse erreichen Kinder ungehemmt.

Das Kind lernt, dass Gewalt ein Erfolg versprechendes Mittel zur Durchsetzung der eigenen Wünsche ist. Die Fernsehbilder lehren das Kind nicht, zwischen virtueller und realer Welt zu unterscheiden.

Da würgen Grundschüler einen Klassenkameraden zu Tode und meinen: „Wir wollten nur mal sehen, wie lange das wirklich braucht!" Ähnlich ist es mit dem Überschreiten von Intimitätsgrenzen. Im Fernsehen gibt es keine schützenden Räume, keine verschlossenen Türen – big brother regiert! Hat ein Kind niemand, der mit ihm kindgemäß über Liebe und Sexualität spricht, wird es ihm kaum gelingen, in seinen Handlungen die Grenze zwischen Öffentlichkeit und Intimität zu beachten.

Gewalt und dissoziales Verhalten lernt man vor dem Bildschirm vor allem dann, wenn man mit seinen Eindrücken und seinem Aufgewühltsein allein gelassen wird. Wo das Gesehene besprochen und in die kindlichen Strukturen der moralischen Entwicklung eingeordnet wird, droht weniger Gefahr.

Fernsehen und Video – wann es nützt

Wenden wir uns nun der Frage zu, wann Fernsehen und Video nützen. Der beste Start zum Erwerb von Medienkompetenz ist eine Familie, in der das Fernsehen nur eine Nebenrolle im Familienalltag spielt.

Eltern, die mit den Kindern fernsehen.
Wunderbar für das Kind ist auch, wenn die Eltern so oft wie möglich mit ihm Sendungen anschauen, ihm die Vorgänge erklären und Gefühle teilen.

So vergrößert sich auch das Wissen über die Welt. Großeltern zum Beispiel, die – ausgelöst durch einen Film über die Nachkriegszeit – erzählen, wie es damals war, Kind zu sein, können für Kinder äußerst anregend sein.

Eltern, die beim Studium der Programmzeitschriften helfen.
Förderlich für den Erwerb von Medienkompetenz ist es, wenn Kinder miterleben, dass ihre Eltern den Apparat nur einschalten, wenn sie sich vorher im Programm orientiert haben. Kinder erfahren dann, dass der Impuls fernzusehen durch unsere Interessen und nicht durch Langeweile gesteuert wird.

Eltern, die Sendungen aufnehmen.
Werden wichtige Sendungen aufgenommen, wird das Kind unabhängig von den Sendezeiten. Das Kind braucht nicht sein Spiel oder die Hausaufgaben zu unterbrechen, um zum Fernsehapparat zu eilen, und die eigenen Unternehmungen rücken wieder in den Vordergrund. Außerdem können Eltern

bestimmen, wann ferngesehen wird, damit sie zuweilen auch dabei sein können.

Einmal selbst Regie führen.
Ein seltenes, aber in seiner Wirkung kaum zu übertreffendes Mittel, das Verhältnis Kind und Film förderlich zu gestalten, ist die Gelegenheit, eine Sendung selbst zu machen. Wer einmal selbst Regie geführt hat, kennt die Tricks zur Manipulation und kann das Medium distanzierter beurteilen und besser benutzen.

Fassen wir zusammen: Kinder sind heute umgeben von Medien, und der Umgang mit ihnen ist zu einer Kulturtechnik geworden. Diese Technik muss erlernt werden. Medienkompetenz zu vermitteln, ist ein wichtiges Erziehungsziel für die kommenden Jahre, das als Lernziel in den Lehrplänen der Grundschule verankert werden wird. Hier wird in den Schulen noch viel zu wenig getan. Zu Hause aber bestimmen einzig die Eltern, ob Fernsehen oder Video schaden oder nützen.

Der Computer – Lernmaschine oder Spaßvermittler?

Für die Erziehung am Computer gelten ähnliche Regeln wie für den Umgang mit den anderen Medien. Für Kinder ist der Computer faszinierend, und vermutlich werden sie den Rest ihres Lebens in einer Welt verbringen, in welcher diese Maschine Alltag ist, in der der Umgang mit ihr zur Lebensausstattung gehört.

Die Angebote des Computers teilen sich in so genannte Lernprogramme und in Spaßprogramme. Zu den Programmen, bei denen man gezielt etwas lernt, gehören solche, die neues Wissen vermitteln und schließlich das Erarbeitete auch festigen, zum Beispiel Trainingsprogramme zum Rechtschreiben und Rechnen. Letztere werden zu Hause und in Schulen am häufigsten eingesetzt. Man kann mit dem Computer aber auch das Programmieren lernen, und schließlich ist die Maschine ein aufregender Spielgefährte. Der Zugang zum Internet mit seinen Gefahren spielt bei Grundschülern noch eine geringere Rolle.

Computer haben verschiedene Angebote – leider nutzen Kinder bevorzugt pädagogisch wenig sinnvolle Spielprogramme.

Anders als beim Fernsehen ist das Kind am Computer nicht passiv. Es muss auf die Signale der Maschine reagieren, es wird für richtiges Handeln belohnt, und der Computer regt zum Denken an. Der Computer ist geduldig, denn man kann so lange nachdenken, wie man will, bevor der nächste Schritt beginnt. Kinder am Computer sind äußerst motiviert. Macht der Computer die Erwachsenen also entbehrlich?

Das Kind braucht auch hier wie beim Fernsehen die Erwachsenen, die ihm helfen, dem Erfahrenen einen Sinn zu geben. Denn kein Computer versteht die Gedanken und die Schwierigkeiten eines Kindes.

Die meisten Eltern haben aber ihre Not nicht mit den Lern-, sondern mit den Spaßprogrammen. Trotz bester Vorsätze werden bald Spiele auf dem PC installiert, die das Kind bei Freunden kennen lernt.

Die Welt der Computer- und Videospiele

Es gibt bei den Computerspielen vier Spielarten: Action-, Abenteuer-, Simulations- und Denkspiele.

In Therapiestunden kann man beobachten, dass Kinder ihre Spielideen aus diesen Spielen beziehen: Da wird mit Laserschwertern gekämpft, und da gibt es plötzlich mehrere Leben. Immer wieder fragen Eltern verunsichert, ob Kinder am Computer spielen dürfen. „Das ist doch eine stumpfsinnige Tätigkeit, bei der es nur ums schnelle Reagieren geht!", meint ein Vater. Und die Mutter fügt hinzu, dass hier nur siegt, wer Gewalt anwendet.

Viele Kinder gehen in Actionspielen völlig auf, vergessen Zeit und Umgebung.

Beinahe alle Eltern üben Kritik an diesen Actionspielen. Doch die Kinder sind fasziniert. Was macht den Reiz dieser Spiele aus?

Wie bereits erwähnt, nimmt das Kind eine aktive Rolle ein und kann das Geschehen kontrollieren. Außerdem erhält es sofort Rückmeldung über Erfolg oder Misserfolg. Es werden nicht nur sensorische und motorische Aktivitäten gefordert. Man muss zum Beispiel auch beachten, dass sich jedes Monster anders verhält, man muss den Ausweg aus schwierigen Labyrinthen finden, was die räumliche Vorstellungskraft übt, und zuweilen müssen auch verschiedene Spielstränge kombiniert werden. Außerdem lassen diese Spiele die Kinder ihre Konzentrationsfähigkeit erleben. Sie geraten in Trance, verschmelzen mit ihrem Tun, und es scheint alles leicht und von selbst zu gehen. Schließlich geben viele Spiele den Eltern die Möglichkeit zum Mitmachen.

> *Wie bei jeder Tätigkeit, die exzessiv viele Stunden am Tag ausgeführt wird, ist auch das Spielen am Computer oder Nintendo für Kinder in Übermaß schädlich. Das Kind verliert den Bezug zur Wirklichkeit, schränkt den Kontakt zu anderen Kindern ein und vernachlässigt wichtige andere Unternehmungen.*

Für den Umgang mit dem Computer gelten ähnliche Grundsätze wie beim Fernsehen: Es ist gut, als Eltern bei der Spielauswahl mitzuwirken, sich mit den Kindern vor den Computer zu setzen und ab und zu darauf aufmerksam zu machen, dass die Spielwelt sich von der wirklichen Welt unterscheidet. In der Schule ist es ratsam, über Computerspiele zu sprechen, sie zu vergleichen, zu bewerten und Erfahrungen auszutauschen. Auf diese Weise kann der Medienumgang sogar den Sozialkontakt fördern. Das gibt den Kindern die Möglichkeit, nicht dem Sog der Spiele zu erliegen, sondern Herr über ihr Spielbedürfnis zu bleiben.

Was Kinder brauchen

Kinder im Grundschulalter brauchen Eltern und Lehrer, die die Medienwelt nicht pauschal verdammen oder gutheißen, sondern sie auf ihrem Weg in diese faszinierende Welt begleiten und ihnen Orientierung bieten – durch Vorbildverhalten und Anleitung.

Kinder wollen Erwachsene:

- die ihrem Drängen nach Medien-Knopfdruck nicht bei Bedarf nachgeben.
- die ihnen bei der Beschäftigung mit den Programmen Zusammenhänge erklären und Fragen beantworten.
- die sich selbst für das Medium und seine Ausstattung interessieren und es mit dem Kind zusammen benutzen.
- die ihnen bei der Bewertung der Programme helfen und Raum geben für den Austausch von Medienerfahrung.
- die ihnen im Umgang mit den Medien ein Modell bieten, das sie nachahmen können.
- die ihnen Aktivitäten anbieten, welche den Wissens-, Erfahrungs- und Spaßwert des Mediums in die „zweite Reihe" verweist.

Leben mit dem Hort

„Wissen Sie, Simon ist ja ein Hortkind", meint die Lehrerin als Erklärung zu Simons ständigen Schlägereien auf dem Schulhof. Solche und ähnliche Äußerungen sind auch heute noch alltäglich. Doch haben Kinder, die nachmittags einen Hort be-

„Ich will eine berufstätige Mutter sein" – dieser Wunsch erfordert eine verlässliche Kinderbetreuung.

suchen, sei er nun heilpädagogischer oder sozialpädagogischer Art, wirklich mehr Probleme in der Schule als Kinder, die ihre freie Zeit zu Hause verbringen?

Hortkinder waren lange Zeit ebenso wie die „Schlüsselkinder" scheinbar bedauernswerte Wesen, um die sich am Nachmittag niemand kümmern konnte. Sie waren Kinder aus Familien, die dem herrschenden Ideal der 50er- und 60er-Jahre „Vater arbeitet – Mutter versorgt Haushalt und Kinder" nicht entsprachen. Man betrachtete Hortkinder einerseits mitleidig, andererseits aber auch wachsam, da nichts Gutes zu erwarten war. Mit diesem schlechten Image kämpfen Hort und Eltern auch heute noch.

Der Hort – eine Antwort auf den gesellschaftlichen Wandel

Dabei haben sich unsere gesellschaftlichen Bedingungen sehr geändert: Meist sind beide Eltern beruflich gut ausgebildet, und die Frauen möchten auch nach der Ankunft des ersten Kindes ihre beruflichen Qualifikationen weiter einsetzen. Viele Kinder, deren Eltern sich getrennt haben, wachsen bei einem Elternteil, meistens der Mutter auf, die für den Unterhalt Sorge tragen muss. Und nicht zuletzt ist die Kinderzahl in den Familien immer geringer geworden, sodass viele Kinder ohne Geschwister groß werden. In ihrem kleinen Familienverband ist es ihnen verwehrt, intime Beziehungen zu anderen Kindern herzustellen. Dazu kommt, dass unter dem Druck der Arbeitswelt die elterlichen Erwartungen oft gebündelt zur Last des Kindes werden, welches diese Bürde im täglichen Hausaufgabenkampf an die Mutter loswerden möchte. Manche Mutter hält da Ausschau nach einer Lösung, welche ihr hilft, die gute Beziehung zu ihrem Kind nicht zu gefährden.

Der Hort ergänzt die Familie.

Horte ermöglichen vor allem Frauen mit Kindern, Familie und Beruf zu verbinden. Sie bieten den Kindern vielfältige Erfahrungen mit jüngeren und älteren Kindern. Und sie schaffen einen anderen Begegnungsraum mit den Gleichaltrigen als die Schule. Regiert in der Schule der Unterricht, unterbrochen von kurzen Pausen, so ist es im Hort umgekehrt.

Der Hort begleitet die Schule.

Oft sind die Erzieher die vermittelnde Brücke zwischen Lehrer, Eltern und Kind. Und so mancher Hausaufgabenkämpfer hat auf diese Weise von allein die Waffen abgelegt.

Im Kreise mit anderen Kindern die schulischen Pflichten zu bewältigen, hilft Maxi oder Anna, selbst Verantwortung für ihr Lernen und ihren Schulerfolg zu übernehmen und so Selbstständigkeit und Sozialkompetenz zu entwickeln.

Ist die Schule mit ihren Regeln ein Ort zum Miteinander-Lernen, so der Hort ein Ort zum Miteinander-Leben. Im Mit-

Der Hort gestaltet die Freizeit.

telpunkt steht nicht das Lernziel. Die Erzieher können Kindern helfen, Konflikte so auszutragen, dass es keine Gewinner oder Verlierer gibt. Und alle Kinder profitieren von den vielfältigen Nachmittagsangeboten: miteinander spielen, basteln, vertraut werden mit den Sitten und Gebräuchen anderer Kulturen.

Kinder, die im Hort leiden

Doch es gibt auch Kinder, die unter dem lärmenden Getriebe des Hortes leiden: die stillen, eher introvertierten Kinder. Der Kontakt zu ihrer inneren Welt, sei es nun die emotionale oder intellektuelle, ist diesen Kindern wichtiger als vielfältige Anregungen von außen. Sie legen Wert auf einen nahen Freund oder eine Freundin. Sie nehmen Stimmen oder Geräusche intensiver wahr als ihre Altersgenossen. Ist eine andere Lösung – zum Beispiel eine Pflegefamilie für den Nachmittag – gefunden, atmen diese Kinder spürbar auf.

Was sich der Hort von Eltern wünscht

Nur wenn der Hort in seinen Bemühungen um das Kind von den Eltern wertgeschätzt wird, kann er auch für das Kind ein guter Ort sein. Hort und Eltern profitieren wechselseitig von einer guten Zusammenarbeit.

Erzieher und Sozialpädagogen wünschen sich Eltern, die

- regelmäßig zu Gesprächen bereit sind und auch von sich aus den Austausch suchen.
- in den pädagogischen Absichten mit dem Hort an einem Strang ziehen und versuchen, diese Ziele auch im häuslichen Alltag umzusetzen.
- Anteil nehmen an den Freizeitaktivitäten des Hortes.
- in ihrem Verhalten dem Kind die Botschaft übermitteln, dass es sich im Hort wohlfühlen darf.

Anhang

Hilfreiche Adressen

Bundesverband Legasthenie e. V.
Königstr. 32
30175 Hannover
http://www.legasthenie.net
Legastheni@aol.com

Bundesverband
Aufmerksamkeitsstörung/Hyperaktivität e. V.
Postfach 60
91291 Forchheim

Deutsche Gesellschaft für das hoch begabte Kind
Bundesgeschäftsstelle
c/o Dorothea Karcher
Sondershauser Str. 80
12249 Berlin
Tel.: 0 30/7 11 77 18

Begabungspsychologische Beratungsstelle
am Institut für Pädagogische Psychologie
der Universität München
Leopoldstr. 13
80802 München
Tel.: 0 89/21 80 63 33

Namen und Adressen von Beratungslehrern und Schulpsychologen sind an der jeweiligen Schule zu erfragen.

Literaturverzeichnis

Betz, D./Breuninger, H.: Teufelskreis Lernstörungen. Psychologie-Verlags-Union, 1993

Castell, R. (Hrsg.): Lernbehinderung – psychologische und medizinische Grundlagen der Förderung. Edition von Freisleben, 1993

Enderlein, O.: Große Kinder. Die aufregenden Jahre zwischen 7 und 13. Kösel, 1998

Erikson, E.: Identität und Lebenszyklus. Suhrkamp, 1993

Helmke, A./Schrader, F.-W.: Entwicklung im Grundschulalter. In: Pädagogik 6/98. Beltz, 1998

Kaniak-Urban, Ch.: Jedes Kind hat seine Stärken. Kösel, 1999

Kegan, R.: Die Entwicklungsstufen des Selbst. Kindt-Verlag, 1991

Lämmle, B./Wünsch, G.: Familienbande. Ein Bund fürs Leben. Mosaik, 1995

Müller, F. X.: Labyrinth der Wörter. Thera-Soft, 1999

Oerter, R./Montada L. (Hrsg.): Entwicklungspsychologie. Psychologie-Verlags-Union, 1995

Oerter, R.: Psychologie des Spiels. Ein handlungstheoretischer Ansatz. Quint, 1999

Reschitzki, J./Gurtner, J.-L.: Das Kind und der Computer. Hans Huber, 1997

Steinhausen, H. C.: Psychische Störungen bei Kindern und Jugendlichen. Urban & Schwarzenberg, 1996

Ulich, K.: Was die Schule zu Hause anrichtet. In: Pädagogik, 11/98. Beltz, 1998